5학년 0반의 비밀 수업

좀비들의 유쾌한
세계 경제사 탐험

| 일러두기 |
- 인명과 지명은 국립국어원의 외래어 표기법을 따르되 이미 굳어진 경우 관례에 따라 표기했습니다.

| 사진 출처 |
- 국립중앙박물관: 상평통보, 고려청자, 백동화
- 서울역사박물관: 한성은행
- 국립민속박물관: 건원중보
- 퍼블릭 도메인은 따로 표기하지 않았습니다.
- 저작권자를 찾지 못하여 게재 허락을 받지 못한 사진은 저작권자를 확인하는 대로 게재 허락을 받고, 사용료를 지불하겠습니다.

5학년 0반의 비밀 수업

좀비들의 유쾌한 세계 경제사 탐험

석혜원 글 | 이갑규 그림

다섯수레

5학년 0반 교실로 초대합니다!

"잠자기 싫어요. 옛이야기 들려주세요."

어릴 때 잠자리에 들면 항상 옛이야기를 해 달라고 졸랐다면서요? 5학년 0반 교실에 가면 특별한 옛이야기를 들을 수 있다는데, 함께 갈래요? 혹시 이제 '옛날 옛적 호랑이 담배 먹던 시절' 같은 이야기라면 별로 흥미 없다고요? 하지만 이건 지어낸 이야기가 아니라 진짜로 있었던 일이에요. 농사가 시작된 이후 사람들 사이에 벌어진 흥미진진한 이야기가 기다리고 있으니까 다시 생각해 봐요.

아득히 먼 옛날, 인간은 동물과 마찬가지로 그저 주어진 환경에서 얻은 것만으로 살아갔어요. 그런데 어느 순간 농사를 짓기 시작했고, 부가가치를 만들어 내는 생산 활동으로 문명을 발전시켰죠. 이로써 인간은 동물과는 완전히 다른 삶을 누리게 되었어요. 5학년 0반에선 이런 경제 활동이 세상을 어떻게 바꾸었는지, 세상이 변하면서 사람들의 생활은 또 어떻게 달라졌는지 알려 준다고 해요. 어쩌면 이야기를 들으며 세상의 변화를 읽는 눈과 삶에 필요한 지혜를 얻을 수도 있을 거예요.

뭔가 공부하는 기분이 들 것 같아 내키지 않는다고요? 그래도 난 혼자라도 갈 거예요! 5학년 0반 교실에는 다른 시간에서 온 어린이들을 만날 수 있거든요. 마치 시간 여행을 하며 세상을 탐험하는 기분이랄까요. 어? 시간 여행하면서 세계 경제사를 탐험한다면 재밌을 것 같다고요? 그럼 함께 가요!

잠깐! 비밀 수업을 듣기 전에 말할 게 있습니다. 세상은 계속 변할 테지만 절대로 변하지 않는 진리도 있어요. 바로 사람은 다른 사람과 나누며 더불어 산다는 사실이지요. 현재를 함께 살아가는 사람뿐만 아니라 우리보다 먼저 세상을 살았거나 나중에 태어날 사람들하고도 나누며 더불어 삽니다. 우리는 좀비 4인방처럼 먼저 세상을 살았던 사람들이 전해 준 문명을 발전시키며 살고 있고, 또 다음 세대 사람들은 우리가 전해 준 문명을 바탕으로 살아갈 테니까요.

이제 5학년 0반 교실로 들어가는 비밀 문을 열어 볼까요?

석혜원

목 차

1장
농경 시대

2장
교역 시대

5학년 0반 친구들과 선생님을 소개합니다!

은우

똑똑한 초등학생! 경제라는 말만 들어도
귀가 쫑긋하는 은우는 세상 돌아가는
이야기를 누구보다 잘 알고 있어요.

타니트

가족과 이웃을 사랑하는 활발한 소녀!
무엇이든 궁금해하는 호기심 대장이에요.

원원

관찰력이 좋은 꼬마 학자! 무엇이든
논리적으로 파헤치는 지적인 친구예요.

요하나

감정 풍부한 리액션의 달인!
세상의 모든 이야기를 온몸으로 공감해
주는 따뜻한 성격이에요.

윌리엄

말썽꾸러기 소년! 능청스러운 말로 주변
사람들을 웃게 만드는 분위기 메이커예요.

마스터

얼굴을 가린 신비로운 세계 경제사 마스터!
정체는 알 수 없지만, 경제의 모든 비밀을
알고 있는 듯한 인물이에요.

프롤로그

5학년 0반에서의 특강

세경초등학교에서는 어린이들이 500원을 가지고 있기만 하면 사라지는 일이 벌어졌다.

"내 500원! 대체 어디 간 거지?"

은우가 주머니를 흔들며 당황한 목소리로 말했다.

"그러니까 말이야! 주머니에 구멍이 난 건가?"

맑음이도 울상을 지으며 말했다. 친구들은 저마다 주머니를 와락 쥐어 보기도 하고, 가방을 탈탈 털기도 했다. 그러나 나오는 건 먼지뿐이었다. 다들 눈을 마주치며 이렇게 말했다.

"너도?"

"나도!"

은우는 아버지가 원망스러웠다. 아버지께서 직장을 옮기지 않았으면 500원 동전이 사라지는 이상한 학교로 전학하지 않았을 텐데, 생각할수록 화가 났다.

500원 동전이 사라진다는 소식은 금세 학교 곳곳으로 번져 나갔다. 교실에서 공부하거나 급식실에서 점심을 먹거나 심지어 운동장에서 뛰어놀다가도 500원 동전은 사라졌다. 1,000원도 5,000원도 10,000원도 사라지지 않는데, 딱 500원 동전만 사라지다니!

"도둑이 생긴 걸까?"

"도둑이었으면 다른 돈도 가져갔겠지. UFO가 나타나서 외계인이 500원만 쏙쏙 가져간 것 같아!"

"밤마다 숨어 있던 도깨비가 나와서 가져간 거야!"

계속 500원 동전이 없어지자 어린이들은 아예 500원 동전을 가지고 다니지 않았다. 은우도 마찬가지였다. 학교 앞 문구점에서 사탕 뽑기를 못해서 아쉬웠지만 어쩔 수 없었다.

그러던 어느 월요일이었다. 은우는 미술 학원에 가기 전에 알사탕 뽑기를 하려고 집에서 나올 때 500원 동전 두 개를 챙겼다. 학교 뒤편 골목길로 들어가려는데, 오싹오싹 문구점이라는 이름의 가게가 보였다.

"분명 공터였는데, 언제 이렇게 커다란 문구점이 자리 잡은 거지?"

낡은 문에는 '대박 할인'이라고 적힌 종이와 '5-0 세계 경제사 특강'이라고 적힌 포스터가 붙어 있었다.

"뭐가 이렇게 으스스해."

은우가 뒷걸음을 치자 문구점 문이 끼익 열렸다. 은우는 문구점 안으로 끌리듯이 들어갔다. 선반에는 아주 오래된 상자들이 고풍스럽게 진열되어 있었다. 각종 장난감과 학용품, 구슬, 실험용품, 알록달록한 액체들이 커다란 유리 속에 들어 있었다. 제일 눈길을 끈 것은 붉은색 자판기였다. 오래된 자판기 속에는 빛바랜 캔들이 들어 있었다. 은우는 시선을 돌려 한쪽 벽면을 꽉 채운 황금색 캡슐 뽑기 기계들을 바라보았다. 그 안에는 반짝이는 캡슐들이 가득했다.

갑자기 한쪽 구석에서 그르륵 그르륵 발을 끌면서 걸어오는 소리와 함께 기괴한 웃음소리가 들렸다. 문구점 안에 뿌연 연기가 스며들었고, 연기 사이로 웃음소리가 울려 퍼졌다.

"후후후 흐흐흐 히히히"

푸르뎅뎅한 피부색과 뚜둑 뚜둑 이상한 관절 소리, 느린 발걸음, 은우는 자기를 향해 걸어오는 상대의 얼굴을 보는 순간 알 수 있었다.

"좀비다! 아아아아악!"

한 좀비가 은우를 향해 날렵하게 달려왔다. 은우는 잽싸게 팔로 몸을 감싸며 눈을 질끈 감았다. 그 좀비는 눈 깜짝할 사이에 은우의 주머니 속 500원을 홱 잡아챘다. 그리고 망설임 없이 은우 뒤편에 있던 빨간색 자판기에 500원 동전을 넣었다. 네 명의 좀비들이 설레는 눈빛으로 빨간 자판기 앞에 몰려들었다.

"너, 너희 도대체 정체가 뭐야!"

은우가 용기를 내 물었다.

"쉿! 우리 운명이 이 자판기에 달려 있어. 우리가 살던 곳으로 돌아가야 한단 말이야."

한 좀비 어린이가 답했다.

"우린 웜홀을 통해 시간 여행을 했어. 운이 나쁘게 너무 오랫동안 시간을 통과하는 바람에 좀비가 됐지. 우리는 이 시대 사람들이 아니거든. 문제는 얼마나 많은 시대를 통과한 건지도 모르겠어서 어떻게 돌아갈지 눈앞이 깜깜해. 근데 너는 누구야?"

다른 좀비 어린이가 은우에게 물었다.

15

나는 **은우**야. 너희는 이름이 뭐야?

 타니트

 윈윈

 요하나

 윌리엄

"그런데 500원으로 뭐 하는 거야?"

두려움은 사라지고 호기심이 샘솟은 은우가 물었다.

"분명 우린 이 자판기에서 열린 웜홀을 통해 이곳으로 왔어. 그래서 너희가 사용하는 돈을 넣고 자판기를 작동시켜 보려는 거야. 처음 시간 여행에 필요했던 돈은 이미 다 써 버렸거든. 아휴, 어떡하지. 이 자판기에는 500원 동전만 들어가는데, 돈을 넣으면 까만 화면에 글자만 뜨고 웜홀이 열릴 기미는 안 보여. 근데 500원이 금세 또 떨어져 버렸네."

윌리엄이 아쉬운 듯 손을 털었다. 은우는 검지를 내밀어 좀비들을 찌를 듯 가리켰다.

"너희였구나! 외계인도 도깨비도 아니야. 500원을 훔친 건 좀비들이었어!"

"미안, 미안. 계속 좀비로 살 순 없잖아. 제발 이번에는 제대로 작동하기를⋯⋯."

좀비 어린이들은 초조한 모습으로 자판기를 바라봤다. 곧 우우우웅-하는 소리와 함께 자판기의 까만색 화면에 글자가 뜨면서 버튼에도 불이 들어왔다.

"이번에도 실패야."

요하나는 시무룩한 표정으로 물러섰다. 은우는 자판기 화면에 뜬 글자를 찬찬히 읽어 보았다. 그랬더니 그 내용은……

"퀴즈잖아?"

은우는 눈이 동그래졌다.

"얘들아 잘 봐. 이건 그냥 퀴즈가 아냐. 세계 경제사 퀴즈야! 버튼을 눌러서 답을 맞혀야 하나 봐!"

은우가 흥분한 목소리로 말했다. 하지만 아무도 정답을 아는 사람은 없었다. 은우가 버튼 하나를 아무렇게나 눌러 버리자, 자판기는 다시 빛을 잃었다.

은우는 생각했다. 좀비들이 집으로 돌아가 평범한 삶을 살고, 세경초등학교에서 동전이 사라지지 않는 방법은 단 하나라고.

"얘들아, 너희가 집으로 돌아가려면 퀴즈를 맞혀야 해. 아, 잠시만! 문구점 입구에 세계 경제사 특강 포스터가 있었어. 이건 기회야. 세계 경제사를 배우면 너희가 각자 어느 시대에서 왔는지 알 수 있을 거야. 게다가 그냥 세계사가 아니라 경제사를 알아야 하는 걸 보면, 특히 경제 이야기 속에 원래의 자리로 돌아갈 수 있는 단서나 열쇠가 있는 걸지도 몰라."

은우는 잽싸게 밖으로 나가 포스터를 봤다. 포스터에는 별다른 정보 없이 약도 하나만 그려져 있었다. 약도의 위치는 세경초등학교 5학년 교실 복도의 맨 끝 너머였다.

"여기에도 교실이 있어?"

월리엄이 은우에게 물었다.

"아냐. 이 끝엔 벽에 커다란 그림이 걸려 있을 뿐이야. 그 너머에 뭐가 있다는 거지?"

무언가에 홀린 듯 천천히 대답하던 은우는 번뜩 스치는 생각이 있어서 문구점을 나섰다.

"얘들아, 가자. 학교로!"

은우는 좀비 어린이들과 함께 세경초등학교 2층 복도 끝으로 걸어갔다. 벽에 걸린 그림을 본 순간 은우는 깜짝 놀랐다. 예전에는 분명히 빨간색 문만 그려져 있었는데, 지금은 문 옆에 캔이 담긴 바구니를 든 소녀가 서 있었다. 은우는 놀란 마음을 가다듬고 숨을 깊게 들이마셨다. 그리고 그림에 손바닥을 대고 눈을 꼭 감고 그림 속의 빨간 문을 밀어 보았다. 그 순간 복도는 갑자기 어둠에 휩싸였다.

"어, 뭐야? 왜 이렇게 캄캄해진 거야?"

타니트가 당황하며 마구 소리쳤다.

"잠깐! 그림에 그려진 문이 열리고 있어. 진짜 문처럼."

문이 천천히 열리자 숨겨진 공간이 드러났다. 팻말에는 5-0이란 숫자가 쓰여 있었다. 5학년 0반 교실이 눈앞에 나타난 것이다. 교실 안쪽 문은 그림이 아니라 문구점에서 본 것과 똑같은 자판기였다. 문을 신기한 눈으로 살펴보던 원원은 아이들을 향해 말했다.

"들어올 때는 그림이 문이고 나갈 때는 자판기가 문인가 봐."

5학년 0반의 풍경은 보통 교실과는 전혀 달랐다. 별들이 반짝이고 있는 천장은 마치 밤하늘 같았고, 벽에는 세계 각국의 돈과 경제에 관한 정보들이 가득했다. 책상 위에는 조개껍질과 금속 조각, 다양한 지폐와 동전이 있었다. 그리고 창밖으로는 푸른 바다가 펼쳐져 있었다.

딩동댕동. 종소리와 함께 한 남자가 들어왔다.

"드디어 전학생들이 왔네! 좀비 4인방과 사람 1명이라니. 나는 마스터라고 불러 줘! 세계 경제사 마스터거든."

마스터라는 남자는 모자를 쓰고 얼굴을 꽁꽁 가리고 있어서 얼굴을 볼 수가 없었다. 은우는 손을 번쩍 들고 물었다.

"원래 여기에서 공부하는 어린이들은 없나요?"

"여긴 전학생들만 오는 비밀 교실이야. 간절하게 배우고 싶은 게 있는 어린이들에게만 열리지. 너희가 와서 너무 좋다. 바로 수업을 시작할까?"

순간 은우는 미술 학원 수업이 떠올랐다.

"당장이요? 저는 미술 학원에 가야 해요."

"여긴 마법의 교실이야. 여기서 공부하는 동안 교실 밖 시간은 멈추지. 수업 끝나고 나가도 교실 밖 시간은 지금과 똑같아."

타니트가 간절한 눈빛으로 은우를 바라보며 부탁했다.

"우린 집으로 돌아가야 해. 네가 같이 배우면서 우리를 좀 도와 줘."

"그래, 은우야. 불쌍한 좀비들의 친구가 되어 주지 않을래? 세계 경제사를 배우며 우리가 돌아가야 할 시대와 은우 네가 사는 시대를 이해하고 싶어."

윈윈이 그렇게 말하자 다른 좀비들도 불쌍한 표정으로 은우를 바라봤다. 은우는 결심한 듯이 마스터를 향해 돌아섰다.

"마스터, 애들은 웜홀을 통해 오랫동안 시간을 통과하는 바람에 좀비가 됐어요. 집으로 돌아가려면 세계 경제사 퀴즈를 풀어야 하고요. 그래서 세계 경제사를 간절히 알고 싶어 해요. 교실 밖 시간이 멈춘다면 함께 공부할게요!"

마스터는 당연하다는 듯 은우를 향해 한쪽 눈을 찡긋했다. 그

리고 창가로 가 커튼을 닫았다가 다시 활짝 열었다. 창밖은 마치
영화 스크린처럼 생생한 농경 시대의 풍경으로 바뀌어 있었다.

신석기 농업 혁명

농경 생활의 시작

애들아, 창밖을 봐. 벼가 정말 잘 여물었네. 바람이 불 때마다 누런 물결이 일렁이는 풍경이 참 아름답지? 농사를 지을 생각을 하다니 인간은 정말 위대한 존재야.

마스터, 다른 행성에 가서 씨를 뿌리고 곡식을 거둔 것도 아닌데, 뭐가 위대해요?

첨단 과학 기술 시대에 살고 있는 사람의 관점에서 보면 별것아니지. 하지만 인류 역사의 시작점으로 거슬러 올라가 보자. 20만 년 역사 중 가장 획기적인 사건을 꼽으라면 농사의 시작일거야.

농사 덕분에 인간은 다른 동물과 구별되는 문화를 만들고 발전할 수 있었거든. 농사짓기 전 사람들은 무리를 지어 먹을거리를 찾아 떠돌아다니며 살았어. 들에서 열매를 따 먹고, 알과 조개를 줍고, 나무와 돌, 뼈 등으로 도구를 만들어 짐승과 물고기를 사냥하기도 했지.

그러다가 약 1만 5,000년 전, 기후가 따뜻해지고 습도가 높아지면서 생활하기 좋은 환경이 되었어. 사람들은 움집을 만들고 한곳에 머물러 살기 시작했지만 먹을거리를 마련하는 방법은 그대로였지.

이때 일어났던 일을 정확히 알려 주는 기록은 없지만, 대략 1만 2,000년 전에 서아시아의 쿠르디스탄 언덕에서 살았던 사람들이 농사를 짓기 시작했을 거라고 추측하고 있어. 언제 어느 지역에서 무슨 농사를 지었는지는 발굴되는 곡식을 통해 알 수 있지.

농사를 짓게 된 것은 사람들의 관찰력과 호기심 덕분이었어. 봄에 낟알에서 새싹이 돋아나는 것을 보고 땅에 곡식 낟알을 심어 본 사람이 있었던 거지! 거기서 다시 새싹이 돋자 사람들은 씨를 뿌리면 훨씬 수월하게 먹을거리를 얻을 수 있다는 걸 알게 되었어. 그러면서 다른 동물들은 하지 못하는 농사라는 생산 활동을 하게 된 거야.

아하, 생산 활동! 생활에 필요한 물건이나 서비스를 만드는 활동을 말하는 거죠?

은우는 경제 박사네. 농사를 지으면서 한곳에 머물며 살게 된 사람들은 가축도 기르게 되었어. 염소, 양, 돼지 같은 야생 동물을 길들여 울타리 안에서 키웠지. 도구를 사용해 농사를 짓고 가축을 기르며 정착 생활을 시작한 이 시기를 신석기 시대라고 해. 그래서 이런 변화가 일어난 것을 **신석기 혁명** 또는 **신석기 농업 혁명**이라고 부르는 거야.

 쿠르디스탄 언덕에서 살았던 사람들이 다른 지역에도 농사짓는 걸 알려 줬나요?

먼 옛날에는 다른 지역과 교류를 하지 않았으니 알려줄 수 없었어. 다른 지역 사람들도 스스로 농사짓는 방법을 찾아내고 나서야 농사를 짓게 되었지. 지금의 튀르키예 동부, 이라크, 이란, 시리아, 레바논이 자리 잡은 서남아시아 메소포타미아 지역에서는 약 1만 년 전부터 콩이나 팥 같은 곡물 농사를 지었던 것으로 보여.

헉, 쿠르디스탄 언덕보다 2,000년이나 늦었다고요? 요즘은
어느 나라에서 새로운 기술을 발명하면 다른 나라에서도 눈
깜박할 사이에 비슷하게 흉내 내잖아요.

그때는 정보를 주고받던 시대가 아니어서 다른 지역에서는 농
사를 더 늦게 시작했어. 중국에서는 기원전 6000년 무렵에 벼를
재배한 흔적이 발견됐고, 인도의 인더스강 근처에서는 기원전
4000년 무렵에 보리와 참깨 같은 곡물을 기른 흔적이 남아 있대.

 기원전이 뭐예요?

예수님이 태어나기 전 시대야. 영어로는 BC로 나타내는데,
Before Christ의 줄임말이야. 예수님이 태어난 해가 바로 기원 원
년이고, 2025년은 그로부터 2025년이 지난 해를 뜻해.

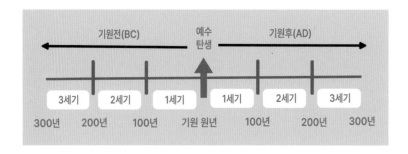

큰 강 유역에서 꽃핀 고대 문명

시간이 더 흐른 뒤 사람들은 사람들은 생산 활동을 기록할 필요성을 느끼게 되었어. 기원전 3500년 무렵 메소포타미아 지역에서 큰 마을을 이루고 살았던 수메르인들은 최초로 문자를 만들었지. 그들은 점토판 위에 갈대나 금속으로 문자를 새겼는데, 그 모양이 쐐기를 닮아서 이 문자는 **쐐기 문자**라고 불려.

지식 UP

맥아와 보릿가루 수령 내역을 적은 장부(기원전 3100~2900년)

베개 모양의 점토판 앞뒷면에 초기 수메르 쐐기 문자가 새겨져 있어요. 이 점토판에는 양조업자로 보이는 '쿠심'이라는 사람이 받았던 보릿가루와 맥아의 수량이 기록되어 있지요. 메소포타미아의 초기 기록은 경제 활동과 관련된 것이 많은데, 숫자 기호와 그림 문자를 사용하여 간단한 거래 내역을 적었어요.

수메르인이 일구었던 메소포타미아 문명을 포함하여 이집트 문명, 인더스 문명, 중국 문명을 일컬어 **세계 4대 문명**이라고 해. 세계 4대 문명은 모두 큰 강 주변에 생겨났어. 비가 오면 강의 상류에서 흘러온 기름진 흙이 강가에 쌓이면서 농사짓기에 적합한 땅이 되었거든.

하지만 자연재해 때문에 농사가 늘 순조롭지만은 않았어. 애써 지은 농작물이 가뭄에 말라 버리거나 홍수에 떠내려가기도 했지. 사람들은 한숨을 내쉬었지만, 절망에 빠져 있지만은 않았어! 문제를 해결하려고 둑을 쌓고, 저수지를 만들고, 논밭에 물을 대는 물길을 만들기도 했지.

이런 일을 하려면 많은 사람이 힘을 합쳐야 하니까 사람들은 자연스럽게 큰 강 근처에 모여 살게 되었고, 이런 지역을 중심으로 문명이 발달하면서 고대 문명은 모두 큰 강 유역에서 발생했던 거야.

땅의 주인이 된 지배자

 그렇게 사람들이 뭉쳐서 살다 보면 우두머리도 생겼겠네요?

맞아! 타니트는 아는 게 많구나. 작은 촌락에서 살 때는 모두 가족처럼 지내며 서로 돕고 양보했어. 다 같이 일해서 수확한 곡식도 나누어 먹었으니까 땅이나 곡식의 주인을 따질 필요도 없었지. 하지만 많은 사람이 모여 살게 되면서 상황이 달라졌어. 쓰고 남은 물건은 누가 가질 건지, 농사를 짓는 땅의 주인은 누구인지, 할 일을 어떻게 나눌 것인지 등 새로운 문제들이 생겨났지. 생활이 복잡해지고 사람들의 욕심이 커지면서 싸우기도 하고, 물건을 훔치거나 남의 물건을 강제로 차지하려는 사람도 생긴 거야.

복잡한 문제가 생기거나 억울한 일을 당한 사람들은 자신의 문제를 원만하게 해결해 줄 사람이 필요했어. 또 둑이나 물길, 저수지를 만드는 큰일을 하려면 이를 지휘할 사람도 필요했지. 그래서 비용을 내더라도 안전하게 살고 싶었던 사람들은 강한 힘을 가진 사람 주위로 모여들었어. 지배자의 감독과 명령에 따라 질서가 유지되는 사회가 만들어진 거야. 동양에서는 이 지배자를 '왕'이라고 했는데, 왕(王)은 땅(土) 위에 군림하는 한 사람(一)을 합친 글자야. 땅을 다스리는 사람이라는 뜻이지.

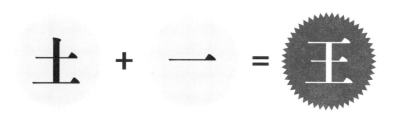

물물교환

자급자족에서 물물교환으로

사람들이 작은 무리를 이루어 살 때는 가족끼리 힘을 모아 필요한 물건을 직접 마련했다고 했지? 스스로 먹을거리를 찾고, 가축도 기르고, 옷도 만들고, 땔감도 구해야 하다 보니 하루 종일 일해도 허덕이며 살기 일쑤였어.

하지만 지배자 중심으로 더 많은 사람이 모여 살면서 생활 방식이 변하게 돼. 모든 걸 제 손으로 만드는 자급자족 생활에서 벗어나 물건과 물건을 서로 바꾸는 **물물교환**을 하게 된 거야. 농경의 발달로 수확량이 늘어나자 먹고 남은 곡식을 다른 물건과 바

옷이다!

꾸면서 물물교환이 시작되었어. 교환의 편리함을 알게 되자 곡
식 외에도 서로 필요한 물건을 바꾸어서 사용하게 되었고.

마스터! 우리 마을에도 그런 일이 있었어요! 보리농사가 다
른 해보다 훨씬 잘 되어 보리타작에 열중하다 보니 수드라 엄
마는 옷을 만들 짬을 내지 못했어요. 그런데 수드라가 하루가
다르게 훌쩍 자라 버려서 입힐 옷이 없어진 거예요. 수드라 엄
마는 옷을 잘 만든다고 소문이 난 마고네 집에는 남는 옷이 있
을지 모른다는 생각이 들었대요. 그냥 달라고 할 순 없어서 보
리와 바꾸자고 했고요. 마침 마고네 집은 보리가 필요했기 때
문에 엄청 기뻐했어요.

타니트가 이웃들을 아주 잘 관찰했구나. 물물교환은 처음에는 가까운 지역에서만 이루어졌지만, 나중에는 멀리 떨어져 있는 지역과도 했어. 특히 금속을 사용하면서부터는 더욱!

금속 사용으로 절실해진 경제적 교류

사람들이 처음 사용한 금속은 구리였어. 기원전 8000년 무렵부터 사용했지. 서아시아와 페르시아만 근처에 아주 큰 구리 광산이 있었고, 지중해 근처의 키프로스도 중요한 구리 생산지였어.

하지만 사람들이 가장 좋아한 금속은 금이었어. 금은 단단하지 않아서 생활용품을 만드는 데는 적합하지 않았지만, 장신구와 장식품으로는 아주 인기 있었지. 특히 고대 이집트에서는 금이 풍부하게 생산되었단다. 금 다음으로 가치 있는 귀금속인 은은 기원전 3000년경 메소포타미아 지역에서 사용하기 시작했지.

은을 사용하게 된 무렵, 사람들은 구리와 주석을 합쳐서 새로운 금속인 청동을 만드는 획기적인 기술을 알게 되었어. 청동으로 만든 도구나 무기는 떨어뜨려도 깨지지 않을 정도로 단단했지. 그렇지만 구리와 주석은 어느 곳에서나 생산되는 것이 아니었어. 그럼 구리와 주석이 생산되지 않는 지역에서는 어떻게 했을까?

으음, 저라면 구리와 주석을 찾아 나설 거예요.

사람들은 요하나처럼 다른 곳에서라도 구리와 주석을 구하려고 했어. 자기가 사는 마을 안이나 가까운 지역에서만 했던 물물교환을 멀리 떨어진 지역 사람들과도 하게 된 거야. 교역이 이루어진 거지.

페니키아인의 무역

길도 없고 교통수단도 발달하지 않았던 시절, 다른 지역과의 무역은 엄청나게 위험한 일이었어. 꼭 구하고 싶은 상품이 있어도 먼 곳으로 찾아가는 걸 망설일 정도로. 그런데 이런 위험을 무릅쓰고 물건을 배에 싣고 다니며 여러 지역에서 장사를 했던 사람들이 있었어. 바로 페니키아인이야.

페니키아인이 살았던 시리아산맥과 지중해 사이는 농사지을 땅이 충분하지 않아서 늘 식량이 부족했어. 기원전 13세기 무렵부터 이들은 배를 타고 지중해 연안을 따라가다가 살기 좋은 땅을 발견하면 식민 도시를 건설했지.

기원전 10세기부터는 지중해를 누비며 밀, 기름, 포도주, 옷감 등을 거래했고, 레바논의 목재, 키프로스의 주석과 구리, 이베리아반도의 납도 취급했어. 심지어 대서양과 아프리카 대륙까지 진출했는데, 페니키아인이 북아프리카에 세운 카르타고라는 도시는 지중해 무역의 중심지로 성장하게 돼.

페니키아인은 배를 용도에 따라 전투용과 상업용으로 나누어 제작했어. 전투용 배는 속력이 중요하니까 길고 홀쭉한 모양으로 만들었지. 여기에 바람의 힘을 이용할 수 있게 돛을 달고, 노를 저어 바다를 빠르게 달렸어. 반면 상업용 배는 많은 상품을 싣기 위해 둥근 모양으로 속은 깊고 폭은 넓게 만들었어. 이 배는 커다란 돛으로 움직였지. 노 젓는 사람이 타면 식량도 실어야 하니까 상품 싣는 공간이 줄어들잖아.

 용도에 따라 배의 생김새가 달랐군요! 페니키아 사람들은 용감한 줄만 알았더니 똑똑하기도 했네요.

그럼, 윈윈아. 똑똑했고말고. 소리글자인 페니키아 문자도 발명했는걸! 이집트의 상형 문자나 수메르의 쐐기 문자, 중국의 한자는 글자마다 뜻이 있는 뜻글자야. 하지만 수많은 글자를 가진 뜻글자로는 의사소통이 쉽지 않았지. 그래서 페니키아인들은 무역을 하면서 더 쉽게 소통하려고 소리를 기호로 나타내는 소리글자를 만들었어.

이 페니키아 문자가 그리스로 전파되었고, 그리스인은 자음만 있었던 페니키아 알파벳에 시리아 문자에서 가져온 모음을 더해 자음 17글자, 모음 7글자의 알파벳을 만들었어. 이후 로마인이 이를 간소화하여 19글자의 라틴 알파벳을 만들었고, 라틴 알파벳이 발전하여 오늘날 우리가 사용하는 26글자의 알파벳이 되었지.

페니키아	그리스	로마
✗	A	A
9	B	B
△	△	D
Ψ	K	K
ℓ	∧	L
5	N	N
φ	Ϙ	Q
9	P	R

상인의 발걸음이 만들었던 비단길

 옛날에는 물건을 배로 날랐나 봐요. 육지에는 길이 없었어요? 배를 타면 속이 울렁울렁 꿀렁꿀렁거리던데. 으으으.

말이나 낙타로 물건을 실어 나를 수 있는 길은 있었어. 사람들이 오가면 자연스럽게 길이 생기잖아. 이런 길이 서로 이어지면서 아주 긴 교통로가 만들어졌지.

고대 동양과 서양의 무역이 이루어졌던 **비단길**, 즉 **실크로드**는 기원전 2세기, 중국의 한나라 때 생겼어. 한나라는 최초의 통일 왕조였던 진나라가 막을 내린 후 18개 나라로 갈라졌던 중국을 다시 통일한 나라야.

한나라의 황제인 무제는 중앙아시아 나라들과 힘을 합쳐 중국 변방을 위협하는 흉노족을 물리치고 싶었어. 그래서 신하인 장건을 사신으로 보냈지. 장건은 비록 군사적인 도움을 얻는 데는 실패했지만 중국으로 돌아온 후 큰일을 했어. 황제에게 중앙아시아 여러 나라의 생산물을 자세히 보고하면서 무역을 제안했거든.

장건의 제안대로 상인들의 왕래가 빈번해지자, 타림분지에서 파미르고원을 넘어 중앙아시아에 이르는 동서를 가로지르는 교통로가 만들어졌어. 이 길을 통해 거래되었던 대표 상품이 바로 바로……

 비단?

 그래서 비단길?!!

정답! 중국 비단은 아주 인기가 좋아서 중앙아시아와 서아시아를 거쳐 멀리 로마까지 팔렸어. 이미 기원전 4세기 마케도니아의 알렉산더 대왕이 대제국을 세웠을 때 지중해와 아시아를 이어 주는 길이 생겼고, 로마 제국은 8만 킬로미터나 되는 긴 포장도로를 만들었어. 비단길과 이런 길들이 연결되면서 중국의 비단이 로마까지 전해질 수 있었지.

시장의 등장

시장은 교환의 장소

물물교환을 하려면 장소가 필요하겠지? 그러면 어디로 가야
할까?

 사람이 많이 모인 곳으로 가야 하지 않을까요?

그래, 사람이 많은 곳! 마을과 마을이 만나는 길목이나 지역의
중심이 되는 광장, 배가 들어오는 나루 근처 등 사람이 많이 모이
는 곳에는 시장이 생겨나기 시작했어.

 우리 마을과 이웃 마을이 만나는 곳에도 시장이 있었어요. 우
리 마을 안에서 물건을 맞바꿀 사람을 찾지 못하면 시장으로
가서 바꾸었고요.

시장은 메소포타미아 지역에서 가장 먼저 생겼다고 추측해.
쐐기 문자 점토판에서도 상업 거래의 흔적이 발견되었거든. 세
월이 흐르면서 시장에는 물건을 사고파는 일을 전문적으로 하는

상인이 생겨났어. 상인은 수공업자나 농부에게서 물건과 곡식을 사서 필요한 사람에게 되파는 일을 했지. 사람들은 자기 물건을 상인에게 팔고, 상인으로부터 필요한 물건을 사게 되었어. 상인들은 더 많은 이득을 얻으려고 먼 지역을 오가며 장사를 하기도 했어. 다른 지역과의 무역이 늘어나게 된 거지.

그리스의 아고라에 들어선 시장

 어머 어머, 그렇구나! 만약 농사지을 땅이 충분했다면 페니키아 사람들이 무역에 나섰을까요?

나서지 않았을 거야. '목마른 사람이 우물 판다'는 속담처럼 식량이 부족해서 해결책을 찾다가 무역에 나선 거니까. 그러고 보니 지중해 무역에 나섰던 그리스인의 상황도 페니키아인과 비슷했네.

그리스도 평야가 적고 산이 많아서 올리브나 포도 같은 과일 나무를 주로 심다 보니 늘 곡식이 부족했거든. 그래서 흑해와 지중해로 나가 여러 곳에 식민 도시를 만들고 무역에 나섰지. 무역이 활발해지면서 자연스럽게 상공업이 발달했고.

또한 그리스의 도시 국가였던 아테네에는 **아고라(Agora)**라는 곳이 있었어. 아고라는 '시장에 나오다' 또는 '모이다'라는 뜻을 가진 '아고라조(Agorazo)'에서 나온 말인데, 시민들이 모여 토론하고 회의하는 야외 광장이었지.

시간이 지나면서 연극이나 운동 경기가 열리기도 했고, 경제력이 강해지면서 상업 공간도 생겼어. 아고라에는 동상과 제단, 나무, 분수 등으로 장식된 건물과 사원이 있었는데, 기둥을 나란히 세워서 생긴 건물의 복도에 상점이 들어섰지.

시민이 모여서 자유롭게 연설하고 토론을 벌였던 로마의 **포럼(Forum)**에도 시장이 있었어. 폼페이 포럼의 북동쪽 끝에는 식료품 가게, 동쪽에는 옷감 가게 등 특정한 물건을 파는 상점이 함께 모여 있었대.

 오! 그리스라면 민주주의가 시작된 곳이잖아요.

맞아. 기원전 7세기 무렵부터 무역과 상공업이 발달하면서 아테네 시민은 부자가 되었어. 경제적 힘을 갖게 된 아테네 시민들은 '우리도 나라의 중요한 일을 결정하는 데 참여하고 싶어!'라고 말하기 시작했고, 이렇게 시민들이 정치에 참여하는 민주주의가 싹트게 됐지.

그러다 기원전 480년에 페르시아가 그리스를 침략했는데, 아테네 해군이 승리를 거두면서 시민의 힘은 더욱 세졌어. 시민들은 나라의 일을 결정하는 데 참여할 권리인 참정권도 얻고, 자기 재산을 가질 권리인 사유 재산권도 얻었지.

화폐의 진화

물품 화폐의 등장

얘들아, 이게 뭘까?

 조개껍질이요.

 어? 우리 아버지가 시장에서 물건을 사고팔면서 주고받았던 조개 화폐와 똑같아요! 아버지는 물건을 팔면 조개 화폐를 받고, 그걸로 필요한 물건을 샀어요.

타니트가 말한 것처럼 이건 그냥 조개껍질이 아니라 돈처럼 사용했던 **물품 화폐**였어. 물건을 맞바꿀 사람을 찾는 일은 쉽지 않았고, 설사 찾았더라고 손해 보는 느낌이 들면 거래가 꺼려지잖아. 그런 불편을 덜어 줄 해결책을 찾다가 사람들은 거래를 도와줄 물품을 생각해 냈어. 예를 들어, 조개껍질이 물품 화폐인 곳에서 쌀을 가진 사람이 항아리를 사고 싶다면 쌀을 팔아 조개껍질을 받고, 그 조개껍질로 항아리를 사는 거지.

물품 화폐가 사용된 시기는 기원전 3000년 무렵으로 가장 널리 사용되었던 물품 화폐는 소금, 곡물, 가축처럼 누구에게나 필요한 물건이었어. 조개껍질이나 동글납작한 돌이 물품 화폐로 사용되기도 했지. 오늘날에도 나라마다 사용하는 돈이 다르듯이 물품 화폐도 지역마다 달랐어. 삼국 시대에 한반도에서 주로 사용되었던 물품 화폐는 쌀, 옷감, 철이었어.

금속 화폐의 탄생

 근데 물품 화폐인 소금이나 곡식을 실수로 쏟거나 조개껍질이 깨져 버리면 어떡해요?

 엄청 속상하겠다.

그래서 소금이나 조개껍질 대신 금, 은, 청동, 구리, 호박금 같은 금속을 돈처럼 사용하게 되었어. 금속은 보관하기 쉽고 모양이 잘 변하지 않거든. 금속의 가치는 무게로 결정되니까 처음에는 거래할 때마다 금속의 무게를 쟀어. 그러다가 점차 매번 무게를 재지 않아도 바로 금속의 가치를 알 수 있게 금속에 가치와 무게를 표시하여 사용했지.

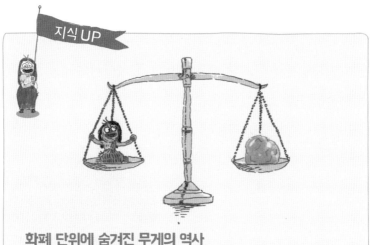

화폐 단위에 숨겨진 무게의 역사

여러 화폐 단위에는 금속의 가치를 무게로 결정했던 역사가 담겨 있어요. 이스라엘의 '세켈(Shekel)'은 메소포타미아 지역의 무게 단위였고, 이탈리아의 '리라(Lira)'는 로마의 무게 단위였던 '리브라 (Libra)'에서 나온 말이에요. 영국의 '파운드' 역시 로마의 무게 단위였던 '폰두스(Pondus)'에서 나온 말이에요. 필리핀과 멕시코의 화폐 단위인 '페소(Peso)'는 스페인어로 무게라는 뜻이랍니다. 옛 우리 조상들이 돈을 셀 때 사용했던 '냥'도 무게의 단위였어요.

 옛날 드라마를 보면 금속으로 만든 구멍 뚫린 엽전을 사용하잖아요. 금속으로 돈을 만든 건 언제부터였어요?

기원전 7세기였어. 매번 금속에 무게를 표시해서 거래하는 것

보다 일정한 모양과 무게의 금속을 쓰는 게 훨씬 편리했겠지?

금속으로 주화(동전)를 처음 만든 곳은 튀르키예 남동부 지역에 있었던 리디아 왕국이었어. 리디아 왕국의 알뤼아테스 왕은 호박금을 납작한 타원형으로 만들어 앞면에 왕을 상징하는 그림을 새기고, 뒷면에는 화폐의 가치와 무게를 보증하는 인장을 찍었지. 아들이었던 크로이소스 왕은 이런 주화를 발전시켜 세계 최초로 금화와 은화도 만들었어.

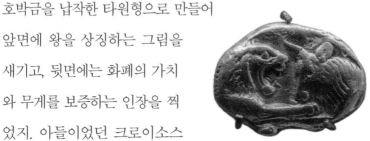

크로이소스 왕이 만든 리디아 금화

비슷한 시기였던 춘추 전국 시대에 중국에서도 청동을 주재료로 금속 화폐를 만들었어. 서양의 금속 화폐는 대부분 둥근 모양인데, 중국의 금속 화폐는 모양이 다양해. 동그란 모양에 네모난 구멍을 뚫기도 하고, 호미, 칼, 조개 모양으로 만들기도 했거든. 중국의 금속 화폐는 한반도 전역에서 출토되었어. 중국과의 무역에서 물품 화폐뿐 아니라 금속 화폐도 사용되었다는 증거이지. 그렇다고 금속 화폐가 생기면서 물품 화폐가 사라진 건 아니었고, 오랫동안 물품 화폐와 금속 화폐는 함께 사용되었어.

도구의 발달

히타이트 제국에서 시작된 철의 사용

 마스터, 슬슬 머리가 아파요.

너무 많은 걸 알려 주었나? 철로 도구를 만들었던 이야기만 하고 끝낼게. 엄청 획기적인 사건이거든! 도구를 기준으로 시대를 분류하면, 돌 도구를 사용했던 **석기 시대**, 청동 도구를 주로 사용했던 **청동기 시대**, 철로 만든 도구가 널리 쓰였던 **철기 시대**로 구분할 수 있어. 박물관에서 청동 도구와 장식품을 한번 살펴봐. 옛날 사람의 뛰어난 솜씨가 느껴질걸. 청동을 사용하면서 발전하기 시작했던 도구 제작 기술은 철을 사용하면서 엄청나게 발달했어.

철기 문명은 기원전 14세기 무렵 히타이트 제국(현재 튀르키예)에서 시작되어 흑해 근처에 살았던 스키타이 유목민에게 전파되었고, 중앙아시아를 거쳐 기원전 7세기에 중국에 알려졌어. 기원전 3세기 중국 전역으로 전파된 후 기원전 2세기 한반도에도 알려졌지.

철제 농기구 사용으로 급속히 늘어난 농업 생산량

 왜 철제 도구를 만든 게 획기적인 사건인가요?

청동기 시대에 무기와 생활 도구는 청동으로 만들었지만, 농기구는 주로 돌로 만들었어. 청동은 농기구로 쓸 만큼 단단하진 않았거든. 그런데 철제 농기구는 무척 단단해서 부드러운 진흙 땅은 물론이고 산에서도 밭을 일구고 농사를 지을 수 있었어.

먹고도 남을 정도로 농산물이 많아지면서 이것으로 가공식품을 만드는 수공업과 이런 생산품을 판매하는 상업이 발달하게 되었지. 철제 농기구 덕분에 경제 활동이 활발해지면서 경제 규모가 아주 커졌던 서야.

 마스터! 이제 정말 머리가 아파요. 민주적으로 수업은 여기까지 만 하는 것은 어떨까요?

요 녀석, 엄살떨기는. 그럼 수업을 이만 마치고 싶은 사람은 손을 들어 볼까?

나도-!

저-요-!

엥? 마스터가 손드는 게 어딨어요!

나도 이 교실의 구성원인걸. 내일도 아주 재밌을 테니, 3시 40분에 보자꾸나. 오늘은 여기까지! 나가는 방법을 알려 줄게. 교실 자판기 문 쪽으로 가면 퀴즈가 나와. 자판기 버튼을 눌러서 정답을 맞히면 캔이 나오고 교실 문이 열려. 과연 그 안에 무엇이 들어 있을지 궁금하지 않니? 참, 세계 경제사 공부를 하는 건 절대 비밀! 누구에게든지 말하는 순간부터 교실로 들어올 수 없어. 그리고 무례하게 굴거나 나쁜 행동을 해도 문이 열리지 않아.

은우와 좀비 어린이들은 자판기 쪽으로 걸어갔다. 그러자 퀴즈 화면이 나타나고, 자판기 버튼에는 번호가 하나씩 떴다.

윌리엄과 요하나가 문제를 따라 읽는 사이, 타니트가 큰 소리
로 외치며 4번 버튼을 꾸욱 눌렀다.

"4번 잉카!"

다음 중 세계 4대 문명이 아닌 것은?
1)메소포타미아 2)이집트 3)인더스 4)잉카

요란하게 빛이 번쩍이더니 자판기에서
캔이 하나 툭 떨어졌다. 타니트가 마개는
따지 않고 가만히 쳐다보고 있는데, 자
판기 문이 천천히 열렸다. 복도로 나
온 후 타니트는 캔의 마개를 열었다.
안에는 조개가 들어 있었다.

　"이거 조개 화폐야."

　그때 은우는 머릿속에서 번갯불이

번쩍이는 느낌이 들며 한 가지 생각이 떠올랐다.

　"이렇게 문제를 맞히고 받은 화폐를 문구점 자판기 투입구에
넣으면 너희들이 집과 연결된 웜홀이 열리나 봐! 500원이 필요한
게 아니었어."

　"와아! 드디어 집으로 돌아갈 방법을 찾은 거네."

　요하나가 들뜬 목소리로 말했다. 조개를 손에 꼭 쥐고 문구점
을 향해 뛰어가려던 타니트는 문득 뒤에 남은 친구들을 돌아보
았다. 혼자만 먼저 떠나려니 마음이 아팠다.

　"얘들아, 우리 모두 화폐를 모을 때까지 나도 함께 여기서 수업
을 들을게."

　아이들은 타니트를 꼭 안아 주었다. 모두 같은 마음이었다.

　"문구점으로 돌아가서 푹 쉬자. 피곤하면 내일 수업에 집중할

수 없잖아."

윌리엄이 하품을 하면서 말했다. 은우가 시계를 보니 3시 43분이었다. 정말 교실 안에서는 시간이 멈추었던 것이다! 미술 학원에 가기 전까지 잠시 여유가 있는 걸 확인한 은우는 걱정되는 목소리로 말했다.

"아! 근데 우리 다시 복습하지 않아도 될까? 핵심이라도 짚어 보면 좋겠는데."

"공부를 또 하자고? 아휴."

윌리엄이 한숨을 쉬었다.

"게임처럼 재미있게 하면 되지."

은우는 잠시 고민하더니 끝말잇기처럼 '핵심 잇기'를 하자고 했다.

"핵심 잇기??"

좀비들은 모두 고개를 갸웃거렸다.

"그래! 우리가 배운 경제사들을 요점만 딱딱 이어서 말하는 거지! 노래를 부르듯이 리듬을 타면서 말하면 재밌을 거야!"

그러자 타니트가 먼저 팔을 흔들며 아이들 앞에 섰다.

"그럼 나부터 시작!"

농사가 시작되어
신석기 혁명이
일어났고

먹고 남은 곡식이 생겨서
물물교환을 하면서
시장이 등장했고

금속을 사용하면서
먼 지역과
교역을 하게 됐고

거래하기 쉽게
물품 화폐와
금속 화폐가 생겼고

철제 농기구를 쓰면서
농업 생산력이
엄청나게 늘었어!

1+1 한반도 경제사

고조선의 경제 `#8조법` `#사유 재산` `#화폐 제도`

고조선은 기원전 2300년 무렵 한반도에 최초로 세워진 국가야.
청동기 문화를 받아들였던 고조선은 다른 민족과도 경제적 교
류를 했어. 고조선의 생활을 추측하게 해 주는 자료로는 **8조법**
이라는 게 있어. 사회 질서를 유지하기 위해 개인이 지켜야 할
8개의 조항이지. 안타깝게도 현재는 3개만 전해지고 있어.

①사람을 죽인 자는 사형에 처한다.
②사람을 다치게 한 자는 곡물로 갚는다.
③도둑질한 자는 그 집의 노비가 된다. 죄를 면하려면 50만 전을
내야 한다.

이 조항들을 보면 고조선의 사회 모습을 알 수 있어. '곡물로 갚
는다'는 말은 물건에 주인이 있었다는 뜻이야. 그리스처럼 사유
재산을 인정하는 제도가 있었던 거지. 또한 '50만 전'이라는 금
액을 보아 화폐 제도가 있었고, '노비'라는 말을 통해 신분 제도
도 있었음을 짐작할 수 있어.

삼국 시대의 경제 #농업 중심 #철제 농기구

고조선이 멸망한 뒤 한반도에는 고구려, 백제, 신라를 비롯해 부여, 옥저, 삼한 같은 작은 나라들이 함께 세워졌어. 이 중 고구려, 백제, 신라가 주도권을 다투며 삼국 시대가 시작됐지. 초기에는 사람이 적어서 빈 땅이 많았는데, 먼저 자리 잡은 사람이 그 땅의 주인이 되었어.

전쟁이 자주 일어나자 백성들의 고통은 커졌고, 왕들은 나라를 안정시키기 위해 농업 생산을 늘릴 방법을 고민했어. 4~5세기부터 철제 농기구가 보급되면서 농사는 더 효율적으로 이루어졌고, 6세기에는 소를 이용해 논밭을 갈기도 했어. 또 황무지를 일구어 농경지를 늘리거나 저수지를 만들어 물을 체계적으로 관리했지.

농사가 발전하면서 곡물이 풍부해지자 상업도 활기를 띠기 시작했어. 하지만 시장은 주로 수도와 같은 대도시에 제한적으로 존재했고, 무역은 주로 국가가 주도하는 공무역으로 이루어졌어.

2장
교역 시대

마스터피스를 남기다!

미술 수업 시간에 은우는 좀비 어린이들과 함께 세계 경제사를 공부했던 장면이 떠올랐다. 꿈을 꾸었나 하는 생각도 들었다. 은우는 기억을 떠올려 좀비 어린이들의 모습을 그림에 담았다.

"이건, 은우의 마스터피스가 되겠다!"

은우 옆으로 다가온 선생님이 말했다.

"마스터피스요?"

"그래, 역사적인 단어야. '걸작품'이란 뜻이지. 은우가 그린 그림 중에 가장 멋있는걸!"

은우는 무슨 말인지 정확히는 몰랐지만, 칭찬받았다는 사실에 기분이 좋았다.

은우와 좀비 어린이들은 매일 3시 30분에 오싹오싹 문구점에서 만나서 함께 교실로 가기로 했다. 수업을 마치고 오싹오싹 문구점을 간 은우는 좀비 어린이들과 마스터에게 어서 자신의 그림을 자랑하고 싶었다.

　"얘들아, 빨리 교실로 가자. 거기서 보여 줄 게 있어."

　은우와 좀비 어린이들은 서둘러 5학년 0반 교실로 갔다. 어제와 마찬가지로 복도 끝에 걸린 그림에 손바닥을 대고 문을 밀었더니 복도는 어둠에 휩싸였다. 그리고 그림에 그려진 문이 천천히 열렸다.

　"마스터, 제가 오늘 미술 시간에 마스터피스를 하나 남겼어요! 이것 보세요."

　그러자 요하나가 먼저 은우의 그림을 요리조리 뜯어보았다.

　"우리 마을에서 그림을 가장 잘 그리는 게 나였는데, 은우도 나만큼이나 그림을 잘 그리네!"

　요하나에 이어 마스터도 은우의 그림이 멋지다고 칭찬했다.

　"은우는 벌써 마스터피스란 단어도 아는구나? 안 그래도 오늘 장인들이 활동했던 시대에 관해 말해 주려 했는데!"

　그 말에 은우와 좀비 어린이들이 서둘러 자리에 앉자, 마스터는 커튼을 닫았다가 다시 활짝 열었다. 창밖에는 상인들이 코끼리와 낙타를 타고 가는 풍경이 나타났다.

교역이 이끌어 낸 문화 교류

동서양 문물이 오고 갔던 옛 교통로

어제는 농경 생활의 시작, 물물교환과 시장의 등장, 화폐의 진화, 도구 발달을 배웠지? 농사가 시작된 시기가 약 1만 2,000년 전이었고, 한반도에 철기 문명이 전해진 시기는 기원전 2세기 무렵이었어.

기원전 2세기 무렵이라면…… 약 2,200년 전이니까 농사를
짓기 시작해서 한반도에서 철제 농기구를 사용하게 되기까지
약 1만 년이 걸렸던 거네요. 와우! 그렇다면 어제 배운 내용이
1만 년의 역사였어요?

놀랍지? 오늘은 기원후 1,400년 동안의 역사를 배울 거야.

 공부할 내용이 적어서 수업이 금방 끝나겠네요.

후훗, 그렇지 않아. 철제 농기구 사용으로 농사가 잘 되니까 상업이 발달하고, 다른 나라와의 무역이 늘어나면서 새로운 기술들이 빠르게 퍼져나갔거든. 그래서 오늘 다루는 기간은 어제보다 훨씬 짧지만 공부할 분량은 비슷해.

 옛날에는 무역을 어떻게 했어요?

상인들이 시장에서 만나서 직접 물건을 보며 흥정하고, 돈과 물건을 맞바꾸는 방식으로 이루어졌어. 오늘날 우리가 시장에서 물건을 사는 것처럼 말이야. 그때 상인들이 교역을 위해 주로 다녔던 길은 초원길, 비단길, 바닷길이었어.

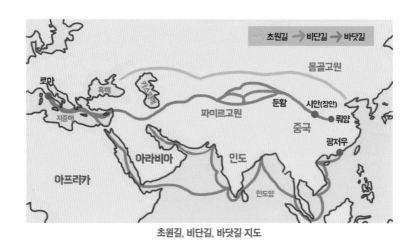

초원길, 비단길, 바닷길 지도

초원길은 몽골고원에서 카자흐스탄을 거쳐 유럽의 흑해에 이르는 빠르고 평탄한 길이야. 하지만 흉노족을 비롯한 유목 민족이 비싼 통행료를 받아서 상인들은 이 길을 별로 이용하지 않았어.

대신 수많은 산과 사막을 지나야 했지만 통행료가 없는 **비단길**을 주로 이용했지. 이 길로 물건뿐 아니라 불교와 인도의 간다라 미술 같은 문화도 전해지면서 비단길은 동양과 서양을 잇는 가장 유명한 옛길이 되었어.

바닷길은 로마에서 인도를 거쳐 중국까지 연결되었던 뱃길로, 10세기 무렵부터는 바닷길을 이용한 무역이 늘어났어. 비단길이 점차 황폐해지고, 도적들이 자주 나타나서 안전하지 않았거든.

아랍 상인의 활약

 옛날에도 상인들을 습격해서 물건을 빼앗는 나쁜 사람들이 있었군요.

그러게 말이야. 이런 위험 때문에 상인들은 무리를 지어 다녔어. 캠핑 트레일러를 일컫는 '카라반'은 원래 낙타나 말에 짐을 싣고 다니면서 장사하는 상인 무리를 뜻하는 말이야.

비단길을 주름잡았던 상인은 아라비아 사막에서 유목 생활을 하면서 장사를 했던 아랍 상인이었어. 동양과 서양을 잇는 무역이 늘면서 아랍 상인이 다녔던 길을 따라 도시가 들어섰지. 7세기 중반에는 이슬람교를 믿는 아랍인들이 새로운 이슬람 나라를 만들기 시작했는데, 처음에는 메카와 메디나라는 도시를 중심으로 한 작은 나라였지만, 8세기가 되자 서남아시아와 북아프리카, 중앙아시아 일부, 유럽의 일부까지 차지하는 큰 이슬람 제국이 되었어. 수도였던 바그다드는 중국 당나라의 시안과 함께 세계 교역과 문화의 중심지가 되었지.

아랍 상인은 아프리카와도 무역을 했고, 중국과 인도 등 아시아 나라에 유럽 물품을 중개하는 무역도 했어. 세 차례나 고려에 직접 찾아왔던 아랍 상인을 통해 고려는 서양에 '코레아(Corea)'로 알려지게 되었단다.

상인들의 무역 활동은 단순한 물건 거래를 넘어 문화 교류의 중요한 통로가 되었어. 덕분에 여러 지역의 문화가 서로 영향을 주고받으며 발전했지. 인도의 불교는 아랍 상인을 통해 중국으로 전해졌고, 다시 한반도와 일본으로 전해졌어. 그리스 문화에 인도의 간다라 지방 문화가 더해져 탄생한 '간다라 미술'처럼 서로 다른 문화가 만나서 새롭고 독특한 문화가 생기기도 했지.

우리가 매일 쓰는 숫자에도 재미있는 이야기가 있어. 0부터 9까지의 숫자는 원래 인도에서 만들어졌는데, 아랍 상인에 의해 유럽으로 전해졌어. 유럽 상인들은 로마 숫자 대신 이 숫자를 사용했고 아랍 상인이 전해 줬다고 해서 '아라비아 숫자'라고 부르게 됐지.

 인도에서 발명한 숫자인데 '인도 숫자'라고 알려지지 않아서 속상했겠어요!

중국의 비약적인 경제 발전

고대 중국 4대 발명품

숫자 만큼이나 위대한 발명들이 중국에서도 탄생했어. 바로 고대 중국의 4대 발명품인 종이, 화약, 나침반, 인쇄술이야.

종이는 기원후 105년에 채륜이 만들었다고 전해져. 그는 식물 섬유를 잿물에 풀어 부드럽게 만든 뒤, 물로 씻고 잘게 갈아서 종이를 완성했어. 하지만 종이는 그 이전부터 사용되었고, 채륜이 이를 개량해 발전시켰다는 주장도 있어. 종이 제작 기술은 8세기에 이슬람 국가와 당나라의 전쟁을 통해 다른 지역으로 전파되었어. 전쟁 포로 중에 중국의 종이 제작 기술자가 있었거든.

화약은 불로장생 약을 만들다가 우연히 발명됐어. 7세기 중반에 초석(질산칼륨), 황, 숯을 섞어서 만든 검은 가루에 불을 붙였더니 불꽃이 일어났다나. 처음에 화약은 명절이나 축제 때 불꽃놀이에 쓰였는데, 약 100년 뒤에는 불화살을 쏘는 대나무 화포에 사용되면서 전쟁 무기로 변신했어. 종이와 화약은 비단만큼이나 주요한 고대 중국의 수출품이었지.

처음에 나침반은 남쪽을 가리키는 숟가락 형태로 주로 길흉을 점치는 데 이용되었어. 11세기 송나라 때 자침(자성을 띠는 바

종이

화약

나침반

인쇄술

늘)이 남북을 가리킨다는 사실이 밝혀지면서 실용화가 되기 시작했지. 자침을 물에 띄우거나 실에 매달아 방향을 확인하다가 금속판에 자침을 고정시키며 오늘날의 나침반으로 발전했는데, 이 기술은 아랍 선원을 통해 유럽에 전해졌어.

세계 최초의 활자는 11세기 송나라에서 점토에 아교를 섞어 굽는 방식으로 제작되었어. 1966년, 한국 불국사 석가탑에서 8세기 통일 신라 시대의 인쇄물인 〈무구정광대다라니경〉이 발견되었지만, 인쇄술은 변함없이 중국의 발명품으로 인정받고 있어. 통일 신라에서는 목판에 글씨 전체를 통째로 새겨 인쇄했지만, 송나라는 한 조각에 한 글자씩 새긴 활자로 인쇄했거든. 이러한 기술의 발전은 단순히 문화적 성취에 그치지 않고 경제에도 큰 변화를 가져왔어.

농업 생산력 증가와 산업 발전

 그럼 당시에 가장 빨리 경제가 발전한 곳이 중국이었어요?

딩동댕! 종이를 제외하고는 다 이 시기에 대단한 발명품이 등장한 것만 봐도 중국의 비약적인 발전이 느껴지지? 농경 시대 때만 해도 동양과 서양의 경제는 비슷한 과정을 거치며 발전했지만, 점차 지역별로 기술 수준이 크게 차이 나기 시작해.

중국은 지역마다 기후와 토양이 달라 특산물이 다양했는데, 이것이 상업 발달의 밑거름이 됐어. 처음에는 강과 하천으로 물건을 실어 날랐지만, 기원전 4세기부터 물길이 끊어진 곳을 이어서 인공 운하를 만들기 시작했지. 수나라 말기인 7세기에 이르러서는 황허강과 양쯔강을 잇는 1,500킬로미터의 대운하까지 건설되었단다.

618년에 세워졌던 당나라는 '상인의 나라'라고 불릴 만큼 상업이 발달했던 나라야. 그 원동력은 폭발적으로 증가한 농업 생산력이었어. 농부들은 땅을 잘 갈 수 있는 농기구를 사용했고, 용골차로 하천의 물을 끌어와 논농사를 지었지. 또 다양한 환경에서 잘 자라도록 작물의 품종을 개량하고, 거름을 주고, 윤작을 하면서 수확량을 늘렸어. 윤작은 같은 땅에 여러 가지 작물을 번갈아 심는 거야. 밭농사는 조, 보리, 콩을 돌아가면서 2년 3모작을 하고, 논농사는 쌀과 보리를 번갈아 심는 2모작을 했단다.

당나라 말기가 되자 도시는 물론이고 농촌에도 시장이 생겼어. 경제 활동이 활발해지면서 화폐 제도도 발달하여 주화를 사용하게 됐지. 이 주화들이 통일 신라 시대 유적에서도 발견될 만큼 한반도와 당나라의 교역이 활발했어.

960년에 세워진 송나라는 추운 날씨에도 잘 견디는 볍씨를 수입하여 쌀농사를 지었어. 송나라의 주화 역시 고려 시대 유적에서 발견되어, 한반도와 교역이 계속 이어졌다는 것을 보여 주고 있지. 10세기 말에는 중국 상인들이 세계 최초로 **교자**라는 지폐를 만들어 사용했어. 하지만 교자의 신용에 문제가 생기자 11세기에 송나라 정부는 교자 사용을 금지하고 직접 지폐를 발행했지.

세계 최초의 지폐 교자

 어? 교자라고요? 우리 아버지는 종이를 팔아 교자를 받아 오곤 했어요. 최고 품질의 종이를 만든다는 것이 우리 아버지의 자랑 거리였죠.

 네가 살았던 세상으로 돌아가면 너도 아버지 뒤를 이어 종이 만드는 기술자가 될 수도 있겠다!

유럽 중세 도시와 시장

장원에서 살았던 중세 유럽 사람들

 그리스와 로마 문명 이야기를 많이 들어서 언제나 서양이 동양보다 경제 발전이 앞선 줄 알았어요. 그런데 서양은 왜 중국보다 발전이 늦어졌어요?

서양 역사에서 서로마 제국이 멸망했던 5세기부터 약 1,000년간을 중세라고 해. 암흑기라고 할 정도로 발전이 멈추었던 시기였지. 로마 시대에는 포장도로로 무역이 활발하게 이루어지면서 사람들이 풍요롭게 살았지만, 로마가 멸망하면서 상황이 크게 바뀌었어. 특히 10세기 말까지 북쪽의 노르만족, 동쪽의 마자르족, 남쪽의 이슬람 세력이 침입하면서 유럽 전역이 큰 혼란에 빠졌어. 곳곳에 도둑이 들끓어 사람들은 먼 곳으로 이동하기를 꺼렸고, 그 결과 잡초가 무성한 황무지만 늘어났지.

사회가 혼란하면 사람들은 생명과 재산을 지키려고 스스로 힘을 갖추거나 힘 있는 사람에게 의존하게 돼. 그래서 외부 침입을 막고 내부 치안을 책임지는 영주가 생겨났지. 영주는 농민을 보호하고 질서를 유지하기 위해 기사를 거느렸고, 외부 침입에 대비하여 높은 언덕을 쌓고 요새를 만들었어. 초기에는 요새를 나무로 만들었는데, 10세기 무렵에는 더욱 안전하게 돌로 만들기 시작했어. 독일의 하이델베르크 성을 비롯한 유럽의 옛 성들이 바로 그런 요새들이야.

독일 하이델베르크 성

 유럽의 옛 성에 그런 역사가 숨어 있다니!

이렇게 영주의 성을 중심으로 기사, 농민이 모여 살았던 촌락을 **장원**이라고 해. 성 주변으로 교회와 농민들의 집이 모여 있었고, 제분소, 제빵소, 대장간, 창고 같은 시설도 갖추고 있었지. 영주는 농민들에게 땅을 빌려주고 그들을 보호해 줬어.

영주의 성

경작지

휴경지

삼림

경작지

교회

제분소   대장간

촌락

창고

공통 방목지

목초지

장원의 땅은 경작지, 목초지, 방목지, 삼림, 황무지로 나뉘었는데, 이 땅을 어떻게 이용할지는 농민들이 함께 의논하고 영주의 허락을 받아 결정했어. 씨 뿌리기부터 수확까지 모든 농사일을 공동으로 했지. 대신 농민들은 땅을 빌려주고 자신을 보호해 준 대가로 영주에게 수확물의 절반 정도를 바쳐야 했어. 책이나 드라마에서 갑옷을 입고 긴 창을 들고 말을 달리는 기사를 봤지? 중세 기사들은 영주가 준 농작물로 생계를 해결하면서 장원의 안전과 치안을 책임졌어. 이렇게 자급자족하며 다른 지역과 교역을 하지 않으니 장원 사회는 경제 발전이 더딜 수밖에 없었지.

중세 유럽 도시의 중심이었던 마르크트 광장

 중세 유럽 사람들은 우리 마을 사람처럼 살았네요. 우리 마을에는 기사는 없었지만요. 장원 안에 시장은 있었어요?

처음에는 없었어. 생활에 필요한 것들을 함께 만들고 나눠 썼기 때문에 사고파는 거래가 거의 일어나지 않았거든. 그러나 8세기 이후 시장이 다시 열리면서 농산물, 생활용품, 농기구 등을 파는 상인과 수공업자가 생겨났고, 그들을 중심으로 도시가 만들어졌어.

성문에서 들어오는 길은 모두 도시 중앙에 있는 시장으로 이어졌고, 시장 길을 따라서 전문 상품 가게들이 늘어나면서 푸줏간 길, 양조장 길, 곡물상 길, 피혁점 길, 어시장 길도 만들어졌지. 가게 앞쪽에는 덧문을 달았는데, 밤에는 닫아서 도난을 막았고 낮에는 내려서 판매대로 사용했대. 오늘날 독일 뉘른베르크나 벨기에 브뤼헤에 있는 마르크트 광장도 중세에는 시장이었어.

중세에는 글씨를 읽고 쓸 줄 아는 사람이 드물었던 거 아니? 상인들은 글씨를 모르는 사람을 위해 가게에 신발이나 물고기 등 판매하는 상품의 그림을 붙여 놓았어. 지금도 볼 수 있는 흰색, 빨간색, 파란색을 칠한 이발소 표시도 중세에 만들어진 거야.

지식UP

이발소의 상징 삼색봉

중세에는 이발소가 병원의 역할도 했어요. 오늘날 이발소의 상징처럼 여겨지는 삼색봉이 중세에는 외과의 상징이었답니다. 삼색봉의 파란색은 정맥, 빨간색은 동맥, 흰색은 붕대를 뜻했지요. 중세에는 의료비가 너무 비싸서 이발사들이 간단한 교육을 받고 사람들을 치료하는 일을 하기도 했거든요.

상인과 수공업자의 조합, 길드

 시장이 있었으면 수공업도 발달했을 것 같은데요.

눈치 빠른데! 중세 도시의 생산 활동이 점점 활발해지면서 상인과 수공업자들은 동업자 조합인 **길드**를 만들었어. 조합원들은 길드하우스에 모여서 회의도 하고 함께 놀기도 했지. 길드는 조합원이 될 사람을 결정하고, 임금과 물건 가격도 정했어. 그때는 같은 물건을 만들거나 파는 사람들이 단결해 가격을 올리는 것을 당연하게 여겼거든. 상인들은 더 많은 이윤을 얻으려고 다른 지역 상인들과 손을 잡기도 했지.

수공업 길드에는 일종의 교육 제도도 있었어. 처음에는 '도제'로 시작해서 일을 배우고, 보통 7년 정도 지나면 '직인'이 되었어. 이후 경험을 더 쌓고 길드의 인정을 받으면 '장인'이 되어 자신만의 가게를 열 수 있었지. 당시 장인은 영어로 '마스터(Master)', 독일어로 '마이스터(Meister)'라고 불렸는데, 오늘날에도 마스터는 흔히 어떤 분야에서 뛰어난 기술과 지식을 가진 전문가를 가리키는 말로 쓰여. 나 또한 세계 경제사의 마스터라고 할 수 있지!

 오오! 그렇다면 마스터피스는 마스터가 만든 물건인가요?

정답! 마스터피스는 원래 마스터로 인정받기 위해 내놓았던 최고의 물건을 뜻했어. 하지만 길드가 사라지고 수공업 생산이 공장제 생산으로 바뀌면서, 이제는 아주 뛰어난 작품을 가리키는 말로 쓰이고 있지.

환전상과 그의 아내
플랑드르의 화가 캉탱 마시의 1514년 작품, 루브르 박물관 소장.

유럽에서 무역이 발달하자 가장 신났던 사람은 환전상이었어요. 도시 국가의 다양한 화폐를 서로 바꿀 때 적용되는 환율이 정해져 있지 않았던 때라 이들은 환전 수수료를 짭짤하게 챙겼지요. 이들은 탁자 위에 주화를 잔뜩 늘어놓고 의자에 앉아서 환전 업무를 하면서 돈을 빌려주는 일도 했어요. 그래서 탁자나 의자를 가리키는 이탈리아 말 '방카(banca)'는 은행을 뜻하는 말로도 쓰이게 되었어요. 환전상은 이자를 받고 돈을 빌려주는 일도 했거든요.

도시에 살았던 상인이나 수공업자는 영주의 지배를 받지 않았
어요?

처음에는 영주의 지배를 받았지만, 장사를 하면서 돈을 번 도
시 사람들이 힘을 모아 자치권을 얻어 냈어. 영주에게 돈을 주고
자치권을 사기도 하고, 때로는 싸움을 벌이기도 했지.

10세기에 가장 먼저 자치권을 가진 도시는 이탈리아의 베네치
아였어. 베네치아는 훈족의 침입으로 생활 터전을 빼앗겼던 사
람들이 갯벌 위에 세웠던 도시야. 처음에는 염전에서 소금을 만
들어 팔았는데, 나중에는 소금에 절인 생선이나 목재, 향료, 금은
세공품 등을 거래하며 지중해 무역을 장악했지. 베네치아 다음
으로는 밀라노가 독립했고, 점차 이탈리아, 프랑스, 독일의 여러
곳에 자치 도시가 생겼어. 당시 도시 인구는 전체 인구의 약 10퍼
센트에 불과했지만, 상인과 수공업자들은 활발하게 생산 활동을
하며 많은 돈을 벌었어.

기업의 시초는 콤파니아

 자치권 얻으려고 싸우기도 하고, 물건도 만들고, 장사도 하고.
아휴, 바쁘다 바빠! 중세 도시 사람들!

걱정 마. 일이 너무 많아져서 혼자 감당할 수 없게 되면 온 가족이 힘을 합쳐 일했어. 그래서 12세기 이탈리아에서는 가족 회사인 '콤파니아(compagnia)'가 등장해. 'Cum(함께, 같이)'과 'Panis(빵)'이라는 라틴어가 합쳐진 말로, 기업을 뜻하는 '컴퍼니 (company)'의 어원이야. 한 가족이 같은 빵을 나눠 먹는 것처럼 이익과 책임을 함께 진다는 의미였지. 콤파니아는 가족들이 함께 일하고, 벌어들인 돈은 사이좋게 나누었어. 하지만 회사가 망해서 빚을 갚지 못하면 가족 모두가 처벌을 받기도 하고, 최악의 경우 노예로 전락하기도 했지.

이런 콤파니아 중에서도 가장 성공한 것이 금융업에 뛰어들었던 피렌체의 메디치 가문이었어. '메디치가의 역사가 곧 르네상스의 역사'라고 할 만큼 막강한 힘을 가졌던 그들은 학문과 예술 발전에도 큰 몫을 담당했지. 미켈란젤로와 보티첼리 같은 유명 예술가들이 작품 활동에만 전념할 수 있도록 지원을 아끼지 않았고, 그 덕에 '다비드 상', '비너스의 탄생' 같은 세계적인 걸작이 탄생했어.

메디치 가문 외에도 피렌체, 밀라노, 베네치아 등 북부 이탈리아 도시에는 모직물 공업과 금융업에 종사하여 큰 부자가 된 사람들이 많았어. 이들은 거대한 건축물을 짓거나 예술가를 후원하면서 르네상스를 이끌었고, 유럽은 다시 도약하게 되었지!

유럽을 자극한 동방견문록

마르코 폴로의 여행 이야기

혹시 마르코 폴로의 여행 이야기를 담은 책을 알고 있니?

 《The Travels of Marco Polo》이죠? 읽었어요.

 우리나라에선 《동방견문록》이라고 하는데! 저도 읽었어요.

　이 책은 유럽이 암흑시대를 벗어나 새로운 도약을 하는 데 중요한 사극제가 된 책이야. 마르코 폴로는 베네치아의 보석 상인이었던 아버지와 삼촌을 따라 원나라에 갔어. 그곳에서 무려 17년을 살다가 1292년에 베네치아로 돌아왔지. 그런데 마르코 폴로는 베네치아와 제노바가 벌였던 전쟁에 나갔다가 포로로 잡혀서 제노바 감옥에 갇히고 말아. 그 감옥에서 모험 소설 작가 루스티켈로를 만나 자신의 이야기를 들려주게 되었지. 1299년 루스티켈로는 마르코 폴로의 이야기를 프랑스와 이탈리아어로 옮겨서 《세계의 서술(Divisament dou monde)》이란 책을 출간했어. 이 책은 선풍적인 인기를 끌며 유럽에서 여러 언어로 번역되었지.

마르코 폴로 책에 실린 원나라 항구 도시 삽화

　13세기 원나라는 유럽과 아시아 대륙을 지배한 역사상 가장 거대한 제국이었어. 이 책에는 쿠빌라이의 화려한 궁전, 계획적으로 지어진 신도시, 도시를 가로지르는 도로, 북적거리는 시장, 지폐 사용 등이 생생하게 묘사되어 있었지.

　놀라운 내용이 너무 많다 보니 마르코 폴로를 허풍쟁이로 여겼던 사람도 있었어. 물론 이 책을 읽고 신비로운 동방을 직접 보고 싶어 하는 유럽인들도 생겨났지. 그러다 새로운 항로를 발견하게 되고, 새로운 항로의 발견은 서양을 다시 세계의 강자로 만들게 돼. 그러니까 《동방견문록》은 세계사를 바꾼 책이라 할 수 있어.

중국을 지배했던 몽골족

 세상에! 원나라가 유럽과 아시아를 모두 지배했었다고요?

원나라는 사냥과 목축을 하며 유목 생활을 하던 몽골족이 세운 나라야. 이런 민족이 역사상 가장 거대한 제국을 건설하리라고는 아무도 예상하지 못했지. 1206년 몽골 제국을 세운 칭기즈 칸과 그의 후계자들은 초원길을 달려 중국 북부를 점령하고 있던 금나라를 무너뜨리고, 중앙아시아와 러시아를 거쳐 헝가리와 폴란드를 손에 넣었어. 서쪽으로는 이란을 거쳐 바그다드로 들어가 서아시아까지 지배했지.

칭기즈 칸의 손자로 1260년 몽골 제국의 제5대 칸이 된 쿠빌라이는 중국 전체를 지배하고 싶었어. 금나라가 송나라(북송)를 무너뜨린 뒤 송나라 황제의 동생이 남쪽으로 도망가서 남송을 세웠거든. 1267년, 쿠빌라이는 수도를 카라코룸에서 금나라 수도였던 베이징(당시 대도)으로 옮기고, 1271년에 나라 이름을 '원(元)'으로 바꾸어 초대 황제가 되었어. 몽골 제국이 중국 역대 왕조를 이은 나라이며, 몽골족이 중국의 새 주인임을 알리려는 의도였지. 남송은 원나라에 끈질기게 저항했지만 1279년에 결국 멸망했어. 남송마저 멸망하면서 중국은 한족이 아닌 몽골족이 지배하는 나라가 되었지.

 몽골족은 고려도 침략했죠?

끊임없이 다른 지역을 침략하던 몽골족은 1231년부터 일곱 차례나 고려를 침략했어. 고려는 끝내 함락되진 않았지만, 백성들은 극심한 고통을 받았고 전쟁으로 많은 문화재가 불타 버렸지. 25대 충렬왕을 시작으로 고려 왕들은 왕이 되기 전에 원나라에서 살아야 했어. 고려 왕들은 원나라 공주와 결혼하여 살다가 선왕이 죽으면 귀국해서 왕이 되었지. 그러니 나라를 다스릴 때 원나라의 간섭을 피할 수 없었겠지? 또한 원나라는 전쟁에 쓸 말과 양식을 고려에 요구하기도 했어.

다른 지역은 이렇게 몽골족에게 시달렸지만, 중국은 200년 정도 계속되었던 갈등과 분열이 마무리되면서 오히려 평화와 안정을 찾았어. 몽골족은 자신들의 관습이나 문화를 강요하지 않고, 예로부터 내려왔던 중국의 제도와 문화를 존중했거든. 그래서 한족은 몽골족에게 별로 저항하지 않았어. 유목민과 농경민의 문화가 잘 섞이면서 문화적으로도 풍성해졌지.

몽골족이 동서 문물의 통로인 초원길, 비단길, 바닷길을 모두 장악하자 동서양의 경제적 교류는 훨씬 활발해졌어. 그 덕에 나침반이나 인쇄술 같은 중국의 기술도 서양으로 전파되었던 거야.

《동방견문록》에도 소개되었듯이 원나라에서는 '교초'라는 지폐를 사용했어. 정부가 적극적으로 나서서 지폐가 지불 수단으로 자리 잡았거든. 그런데 원나라 다음으로 세워졌던 명나라도 지폐를 발행했지만, 사람들은 물품 화폐를 사용했어. 원나라가 멸망하자 교초가 휴지조각으로 변한 걸 경험하면서 사람들은 지폐를 믿지 못하게 되었거든.

 《동방견문록》을 또 읽어 봐야겠어요. 내 책장에 그 책이 있을 거예요.

 나도, 나도, 나도!

칫, 이 녀석들. 내 수업보다 책이 더 좋은가 봐. 오늘은 여기까지 하자. 대신 모두 책도 열심히 읽어 보기! 열심히 공부했으니 오늘 퀴즈도 금방 풀겠지?

은우와 좀비 어린이들이 자판기 쪽으로 걸어가자 어제처럼 퀴즈 화면이 나타나면서 자판기 버튼에 번호가 떴다.

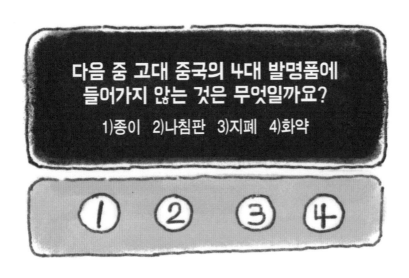

다음 중 고대 중국의 4대 발명품에
들어가지 않는 것은 무엇일까요?

1)종이 2)나침판 3)지폐 4)화약

"앗, 이럴 수가!"

"모두 중국에서 발명된 것인데……."

"정답을 모르면 여기에 갇히는 건가?"

알쏭달쏭한 문제가 나오자 모두 당황해서 웅성거렸다.

그때 원원이 혼잣말로 중얼거렸다.

"정신을 가다듬고 차근차근 생각하자. 그렇지. 고대 중국의 4
대 발명품 이야기를 들은 뒤 아버지가 종이를 팔고 받아 왔던 교
자 이야기를 나누었어. 그렇다면 정답은 **3번 지폐!**"

그리고 3번 버튼을 꾹 눌렀다. 역시 자판기에서 빛이 번쩍이더
니 캔이 떨어졌다. 원원이 캔을 열려고 하는데, 교실 문이 천천히

열렸다. 은우는 잽싸게 복도로 나와서 풀썩 주저앉았다. 좀비 어린이들도 은우를 따라 바로 나왔다.

"휴우, 교실에 갇힐까 봐 무서웠어. 너희는 갇혀도 탈출할 수 있지만 난 아니잖아."

은우의 말에 윌리엄이 낄낄대며 다가왔다.

"너도 좀비가 되면 탈출할 수 있어."

"나보고 좀비가 되란 말이야? 내일 안 오면 너 때문인 줄 알아."

은우는 윌리엄을 쏘아보며 말한 뒤 뒤돌아섰다.

"은우야, 캔 속에 든 화폐를 확인해야지."

아이들이 은우의 등 뒤에서 소리쳤다.

혼자 성큼성큼 걸어가던 은우는 너무 했나 싶어 쭈뼛쭈뼛 아이들 곁으로 다가갔다.

"윈윈아, 빨리 캔을 열어 봐."

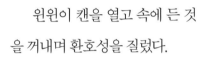

원원이 캔을 열고 속에 든 것
을 꺼내며 환호성을 질렀다.

"야호! 교자야, 나도 집으로 돌아
가게 해 줄 화폐를 찾았어!"

"정말? 오예! 이제 핵심 잇기만 하면
완벽하겠는걸?"

들뜬 목소리로 요하나가 말했다. 하지
만 모두 입을 떼지 않고 서로 얼굴만 바라보았다. 은우도 마찬가
지였다. 이전 시대에는 동서양의 경제가 비슷한 과정을 거치며
발전해서 경제사의 흐름이 쉽게 떠올랐지만, 오늘은 어디서부터
시작해야 할지 감이 잡히지 않았다. 그때 은우가 침묵을 깨고 말
했다.

"오늘 배운 내용은 같은 시대라도 지역에 따라서 경제사의 흐
름이 달랐지? 그래도 차근차근 배운 대로 이어서 말해 보자."

그러자 타니트가 결심한 듯 입을 열었다.

아랍 상인들은
무역으로 동서양을 연결하며
이슬람 제국을 번영시켰어.

중국은
뛰어난 발명품을 만들었고,
농업과 상업이 발달하여
경제가 크게 발전했어.

장원제 사회였던 유럽은
지역 간의 교류가 사라졌고
경제가 정체됐어.

하지만 상인과
수공업자 중심의 도시가 생기며
경제가 살아났어.

몽골 제국의 확장은
동서양의 무역과 문화 교류의
촉진제가 되었어.

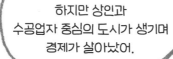

통일 신라 시대의 경제 #수입품 #무역항 #장보고

통일 신라 시대에는 농업과 수공업이 발달하고, 물물교환이 활발하게 이루어지면서 경제가 빠르게 성장했어. 왕족과 귀족은 장인과 노비가 만든 금은 세공품, 비단, 그릇, 가구뿐만 아니라 당나라와 아랍에서 수입한 비단, 양탄자, 유리그릇, 귀금속 등을 사용하며 호화롭게 살았지. 그러나 일반 백성들은 수확물의 10퍼센트와 여러 물품을 세금으로 내야 했고, 공짜로 나랏일도 해야 해서 생활하기가 쉽지 않았어.

당나라와 일본과의 무역이 활발해지자 울산은 국제 무역항으로 발전했고, 당나라 안에는 신라 상인과 외교관, 유학생이 거주하는 **신라방**과 **신라촌**까지 생겼어.

신라에서 무역으로 이름을 날리던 사람은 바로 **장보고**였어. 해적이 신라인을 약탈하고 붙잡아 노비로 파는 일에 울분을 느꼈던 그는 흥덕왕에게서 군사 1만 명을 얻어 청해진(완도)을 만들었어. 해적을 소탕한 후 장보고는 남해와 황해가 만나는 길목인 청해진의 지리적 이점을 살려 신라, 당나라, 일본을 연결하는 삼각 무역을 했지. 청해진에서 도자기를 직접 생산하여 팔기도 했어.

고려 시대의 경제 #3대 시장 #고려청자 #건원중보

고려 시대에는 3대 시장이 있었어. 수도였던 개성에는 나라에서 직접 운영하는 **방시**가 있었는데, 규모도 가장 크고 없는 물건이 없을 정도였대. 그리고 지방에는 남는 농산물을 교환하기 위해 자연스레 **향시**가 생겨났어. 농부들이 직접 재배한 싱싱한 농산물을 사고팔았지. 아울러 고려는 일본, 중국(원), 거란, 여진 등과 무역을 했는데, 이들 나라에서 온 상인과 거래하는 국제 시장인 **호시**도 존재했어.

특히 고려는 세계 최고의 도자기를 만들기로 유명했어. **고려청자**라고 부르는 이 도자기는 너무 아름다워서 중국 황제도 갖고 했을 정도였지. 고려의 솜씨 좋은 장인들이 만든 청자는 비싼 값에

팔렸고, 고려는 이걸로 큰돈을 벌었어.

고려 성종 15년(996년)에는 한반도 최초의 주화인 **건원중보**가 만들어졌어. 하지만 사람들은 이 동전을 잘 쓰지는 않았대. 돈 대신 곡식이나 옷감을 주고받는 게 더 익숙했고, 동전 자체가 너무 무거워서 가지고 다니기 불편했기 때문이야.

새로운 길을 찾아라!

　은우는 오싹오싹 문구점으로 가는 길을 찾지 못하고 쩔쩔 헤
매고 있었다. 이사 온 지 얼마 되지 않아서 은우는 아직 동네 지
리에 밝지 못했는데, '오싹오싹 문구점'으로 가는 길이 '도로 보수
공사 중'이라는 안내판과 함께 막혀 있었다. 은우는 용기를 내 새

로운 길을 찾아보기로 했다.

'우선 학교에서 90도 방향을 향해 가면 될 거야.' 은우는 마침내 한 골목에 들어섰다. 골목에는 고양이들이 어슬렁거리며 다녔다. 각 집에서 키우는 꽃들이 담벼락을 넘어 뭉실뭉실 피어 있었고, 조금 더 걷자 아이스크림 무인 가게도 있었다.

"우아. 여긴 무인 가게니까 좀비 친구들이랑 와도 좋겠다. 길이 막혀서 당황했는데 새 길을 찾으니 더 좋은 것들을 많이 발견하네!"

은우는 오싹오싹 문구점 앞에서 발을 동동 구르며 자신을 기다리는 좀비 아이들을 보았다. 은우는 사정을 설명해 주며 학교를 향해 뛰어갔다.

"꾸물거리면 수업에 늦겠다. 모두 뛰자!"

은우와 좀비 어린이들은 5학년 0반 교실로 달려갔다.

"오늘은 좀 늦었구나."

"사실 제가 오늘 문구점을 갈 때 좀 헤맸거든요. 근데 더 빠른 길도 찾았고, 그 길에서 아이스크림 가게도 발견했어요!"

은우의 말에 마스터는 눈을 크게 떴다!

"새로운 길을 개척했구나, 은우! 아주 즐거운 탐험이 됐겠는걸. 오늘 수업에서는 바로 새로운 바닷길을 찾기 위해 항해를 떠났던 탐험가들 이야기를 들려줄 거야. 그들이 어떤 길을 발견했는지 궁금하지 않니?"

　모두 자리에 앉자 선생님은 또 커튼을 닫았다가 활짝 열었다.
창밖에는 엄청나게 많은 배들이 무리 지어 항해하는 풍경이 나
타났다.

세계 최초의 대항해

명나라 '정화'의 대원정

 새로운 바닷길을 찾아 항해를 떠났던 탐험가라면 누가 뭐래도 콜럼버스죠!

은우처럼 15~16세기 항해 이야기가 나오면 사람들은 콜럼버스, 마젤란, 바스쿠 다가마를 떠올리며 서양의 항해술이 동양보다 뛰어났다고 생각해. 사실 그 시기에는 중국의 항해술이 더 앞서 있었는데 말이야. 1492년 콜럼버스는 3척의 배에 90명을 태우고 항해에 나섰지만, 1405년 정화는 2만 7,000명이 탄 60척의 배를 이끌고 항해를 떠났어. 콜럼버스의 배는 길이가 23미터

에 폭이 7.5미터 정도였는데, 정화의 배는 길이가 135미터에 폭이 56미터였다고 해.

하지만 콜럼버스는 새로운 항로를 찾아 나섰던 거고, 정화는 이미 알려졌던 바닷길로 항해했던 거라 콜럼버스의 항해에 역사적 의의가 더 크긴 해.

 그 옛날에 60척의 배가 함께 항해했다고요? 와우!

정화의 항해는 중국 명나라의 국력을 자랑하고 바닷길을 통한 무역을 장악하고 싶었던 영락제의 지시로 이루어졌어. 1368년 명나라가 세워지면서 중국은 다시 한족 중심의 나라가 돼. 명나라는 세계의 중심은 중국이고, 한족 문화가 가장 우수하다는 **중화주의 사상**을 고집했어. 그래서 원나라에서 만들었던 제도를 모두 폐지했지.

영락제는 조카의 자리를 빼앗아 제3대 황제가 되었지만, 강력한 정치력을 발휘하여 부강한 나라를 만들었어. 그는 수도를 남쪽의 난징에서 북쪽의 베이징으로 옮겼고, 다른 나라와의 무역을 원했지. 중앙아시아에 자리 잡았던 티무르 제국의 방해로 육지로의 무역이 어려워서 바닷길을 통한 무역으로 눈을 돌렸어.

환관이었던 정화는 이슬람교도로, 이슬람 상인이 이용했던 바닷길을 잘 알고 있었어. 그는 1405년부터 1433년까지 일곱 차례나 항해하며 동남아시아에서 아프리카에 이르는 30여 나라를 돌아보았지. 나침판을 보면서 정화는 인도양을 건너 페르시아만과 동북 아프리카까지 진출했어.

정화는 차, 비단, 도자기 등을 다른 나라로 가져갔고, 향신료, 상아, 보석 등을 명나라에 들여왔어. 사자, 기린, 아라비아 말, 얼룩말, 코뿔소, 타조 등 희귀한 동물이 중국에 알려진 것도 정화의 항해 덕분이야. 정화가 항해했던 바닷길은 '바다의 실크 로드' 또는 '세라믹 로드'라고 불러. 이 바닷길을 통해 중국의 도자기가 널리 전해졌거든.

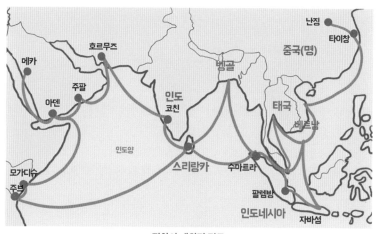

정화의 대원정 경로

동남아시아로 진출한 중국 상인

 항해술이 그토록 뛰어났는데, 왜 중국은 유럽으로 직접 가 볼
시도는 하지 않았어요?

영락제가 죽고 황제가 두 번 바뀌면서 무역에 대한 관심이 식
었거든. 게다가 7차 항해에서 돌아오던 길에 정화마저 세상을 떠
났고, 그 이후로는 정화를 대신할 인물을 찾을 수 없었어.

설상가상으로 해안 지역에서 해적의 횡포가 잦아지자 중국
(명)은 아예 배를 타고 해외로 가는 일을 막는 **해금 정책**을 실시
했고, 무역은 **조공 무역**만 허용했어. 조공 무역은 다른 나라에서
중국에 복종한다는 뜻을 담아 황제에게 공물을 바치면, 황제는
이에 대한 하사품을 보내는 무역이야. 이런 상황에서 서양으로
직접 가는 항로 개척은 엄두도 낼 수 없었지.

해금 정책이 실시되자 무역에 종사했던 중국 상인들은 아예
동남아시아로 이주해 버렸어. 생계를 해결할 길을 찾아 떠났던
거지. 당시에 인도네시아, 말레이시아, 싱가포르, 베트남, 태국,
필리핀 등지로 떠난 사람이 무려 10만 명이었대. 이들이 바로 화
교 1세대야. 해외에 살면서 경제 활동을 하는 중국인을 화교라고
하는데, 이들의 90퍼센트 정도는 동남아시아에서 살아. 뛰어난

장사 수완을 가진 화교들은 주로 유통과 금융업에 종사하면서 동남아시아 국가 경제를 쥐락펴락할 정도로 막강한 경제력을 지니고 있지.

무역을 장려했던 유럽의 국왕들

강력한 힘을 가진 왕들의 전성시대

유럽에서는 왕들이 무역을 적극적으로 장려하면서 힘을 키워 나갔어. 중세 유럽에서는 교황이 유럽 국가의 왕을 정하는 일을 좌지우지할 정도로 정치적 힘이 가장 셌지만 십자군 전쟁을 계기로 그 권위가 추락하게 돼. 11세기에 로마 교황은 그리스도교 성지인 예루살렘을 이슬람교도로부터 빼앗기 위해 십자군이라는 군대를 만들어 전쟁을 벌였어. 약 200년에 걸쳐 일곱 차례나 치러진 이 전쟁은 13세기 말에 십자군의 패배로 막을 내리면서 교황을 제치고 국왕이 가장 센 힘을 갖게 되었지.

 요즘 유럽 왕들은 국가를 대표하는 상징적인 인물인데, 옛날에는 달랐구나!

강한 왕권을 가진 유럽의 국왕들은 중앙 집권적 정치를 펼쳤어. 이런 변화는 이베리아반도에서 가장 먼저 일어났는데, 당시 이곳에는 카스티야, 아라곤, 그라나다, 포르투갈이라는 네 개의 왕국이 있었어. 콜럼버스를 지원했던 이사벨 1세 여왕은 카스티야의 여왕이었고, 남편 페르난도 2세는 아라곤의 국왕이었지. 1492년 이들은 이슬람교도로부터 그라나다를 되찾은 후 세 나라를 합쳐서 스페인 왕국을 세웠어. 동양과 직접 무역을 하고 싶었던 이사벨 1세 여왕은 아라곤 왕의 만류를 물리치고 콜럼버스를 지원했지.

영국과 프랑스에서도 왕권이 강해져서 16~18세기 유럽은 스페인의 펠리페 2세, 영국의 엘리자베스 1세 여왕, 프랑스의 루이 14세 등 강력한 힘을 가진 왕의 전성시대였어.

어머나, 펠리페 2세 알아요! 내가 살았던 네덜란드를 다스렸던 스페인의 국왕이에요.

그렇다면 요하나는 16세기 중반에 네덜란드에서 살았구나.

 마스터, 난 루이 14세를 알아요. '짐이 곧 국가이다'라고 말했던 태양왕이죠?

맞아. 이 시기의 왕들은 왕권은 신이 내렸다면서 국민에게 절대복종을 요구했지.

시민 계급과 손을 잡았던 국왕

 전 엄마 말도 듣지 않을 때가 있는데요! 진짜 사람들이 왕이 하는 말대로 따랐어요?

왕이 외부의 적과 내부의 반란을 막아 내고 평화와 번영을 지켜 주었으니까 따를 수밖에 없었어. 이를 위해 왕들은 상비군을 두고 관료제를 실시했어. **상비군**은 언제든지 국왕의 명령에 따라 싸울 준비가 되어 있는 군대였고, **관료제**는 관료들이 국왕의 뜻에 따라 나랏일을 하는 제도야. 국왕은 상비군과 관료제를 유지하는데 들어가는 돈을 마련하려고 상공업과 금융업으로 돈을 번 시민 계급과 손을 잡았어. 시민들의 사업을 도와주려고 독점권, 특허권, 보조금 같은 특혜를 주었지. 이런 경제 정책을 **중상주의**라고 해.

 중상주의가 뭔지 아직 잘 모르겠어요.

 쉽게 말하자면 무역을 비롯한 상공업에 힘을 쏟아서 나라를 잘살게 하자는 거네!

중상주의를 실시했던 나라들은 자국 산업을 보호하기 위해 수출 기업에 특권과 혜택을 주었고, 때로는 국가가 직접 공장을 세워 생산 활동에 나서기도 했어. 또한 상품을 판매할 시장과 원료를 확보하려고 해외 진출도 적극적으로 장려했지.

그 시절 유럽에서는 금화나 은화로 물건 값을 치렀어. 국왕들은 금화나 은화가 많아야 나라가 부강해진다고 생각해서 수출을 늘리는 데 힘을 쏟았지. 중상주의는 사람들의 생활 태도에도 영향을 미쳤어. 중세에는 분수에 맞게 사는 것을 미덕으로 여겼기 때문에 자신의 이윤을 위해 다른 사람에게 피해를 주는 행동은 하지 않았어. 그러나 국가가 상공업을 장려하면서 사람들은 돈 버는 일이라면 거리낌 없이 하게 되었지.

스페인 은화

스페인은 엄청난 양의 은이 묻혀 있었던 멕시코를 정복한 뒤 1535년 멕시코에 은화를 만드는 조폐국을 만들었어요. 처음에는 은화에 뱀을 문 독수리와 인디언 모자를 새겼는데, 나중에는 스페인 국기 도안인 헤라클레스의 두 기둥과 옛 스페인 다섯 왕국의 문장이나 왕관 문양을 넣었어요.

스페인 은화는 무게와 순도가 거의 일정해서 화폐로서 가치가 높았어요. 유럽 국가들은 아메리카 대륙은 물론이고, 인도 무굴 제국이나 중국 명나라와 무역을 할 때도 스페인 은화를 사용했지요. 17세기 네덜란드가 최고 무역 강국이 된 이후에도 무역은 스페인 은화로 이루어졌어요.

왼쪽 1556년 제조, 오른쪽 1733년 제조

스페인과 포르투갈의 새 항로 개척

새 항로 개척에 나섰던 탐험가들

지구가 둥글다고 믿었던 콜럼버스는 유럽에서 서쪽으로 계속 항해를 하면 인도에 도달할 거라고 확신했어. 1492년 8월 스페인 여왕의 도움을 받고 탐험에 나섰던 그는 70일 만에 지금의 서인도 제도에 있는 섬에 닿았지. 인도에는 가지 못했지만, 탐험 과정에서 아메리카 대륙을 발견했던 거야.

 가장 먼저 배를 타고 인도에 간 사람은 누구예요?

포르투갈 국왕의 도움을 받았던 바스쿠 다가마였어. 1498년 그가 인도에 도착했다는 소식을 들은 스페인 국왕은 새 항로 개척에서 뒤처지기 싫어서 마젤란을 지원하기로 했지. 마젤란은 1519년 8월 스페인 세비야항을 출발해서 4개월이 넘는 항해 끝에 필리핀의 세부에 도착했어. 그는 막탄섬에서 원주민과 싸우다가 세상을 떠났지만, 살아남은 사람들은 항해를 계속해서 스페인으로 돌아왔어. 최초의 세계 일주도 역시 향료 무역을 위해 항로를 찾는 과정에서 이루어졌던 거야.

크리스토퍼 콜럼버스

바스쿠 다가마

페르디난드 마젤란

스페인 여왕과 포르투갈은 국왕은 왜 탐험가들을 지원했어
요?

당시 이탈리아, 영국, 프랑스 등은 지중해를 중심으로 무역을
하면서 큰돈을 벌었어. 그런데 유럽 서쪽 끝에 있던 포르투갈과
스페인은 지중해 무역에서 밀려나 있었거든. 그래서 동양에서
직접 향료를 수입하여 돈을 벌고 싶어서 동양으로 가는 바닷길
을 개척하려는 탐험가를 도와준 거야. 새로운 항로가 발견된 뒤
로는 스페인과 포르투갈 국왕의 힘이 아주 막강해졌지.

새 항로 발견 후 무역의 변화

 그래서 스페인과 포르투갈은 부자 나라가 되었어요?

포르투갈이 무역의 주도권을 쥐면서 무역의 중심지는 지중해
에서 대서양으로 넘어갔어. 포르투갈 상인은 구리를 주고 산 후
추를 유럽에 몇 배의 이윤을 남기고 팔았지.
1580년 스페인의 펠리페 2세가 포르투갈 국왕을 겸하면서 포
르투갈은 스페인에 합병돼. 자연스럽게 스페인이 최고의 무역
강국이 되었지만, 전성기는 길지 않았어. 17세기에는 네덜란드

가 그 자리를 차지하게 되었거든.

　유럽과 아시아가 직접 무역하게 되면서 한때 가장 이득을 봤던 나라는 인도 역사의 황금기라 불리는 무굴 제국이었어. 무굴 제국은 1526년에 세워져 인도 대부분과 아프가니스탄까지 차지했던 나라야. 1575년부터 무역과 섬유 생산 등 알짜 사업을 모두 국가가 직접 관리했는데, 최고 수출품은 면직물이었어. 최대 면직물 생산지였던 차툰 지방에는 방직공이 3만 5,000명, 직조공이 2만 2,000명에 달할 정도로 섬유 산업이 번성했지. 또한 후추와 청금석을 갈아 만든 짙은 파란색 염료도 주요 수출품이었어. 유럽에서 청금석은 금값의 두 배, 후추는 금값에 버금가는 가격으로 팔렸단다.

　그러나 1618년부터 유럽에서 '30년 전쟁'이 벌어지면서 무굴 제국은 심각한 경제 위기를 맞이해. 유럽 국가들이 전쟁을 벌이느라 상품을 수입할 여력이 없었거든. 이때부터 무굴 제국은 내리막길을 걷다가 19세기에 결국 영국의 식민지가 되고 말아.

 후추가 금값이었다니! 국에 후추를 듬뿍 넣는 걸 좋아하시는 아빠께 꼭 말씀드려야겠어요.

　그러게 말이야. 무역은 우리의 식탁 풍경도 바꿔 놓곤 해.

아메리카 대륙의 수난

새로운 바닷길이 열리면서 무역은 아메리카, 아시아, 아프리카를 넘나들며 이루어지게 되었어. 거래량이 크게 늘고 거래 품목도 아주 다양해졌지. 유럽은 아시아에서 향료, 도자기, 차, 비단을 수입했고, 아메리카에서는 담배, 감자, 고구마, 옥수수, 코코아 등을 수입했어. 그래서 먹을거리가 풍부해졌고, 생활 양식에도 많은 변화가 일어났지.

 아메리카에서도 유럽으로 수출했으면 아메리카 사람들도 부자가 되었겠네요.

　천만에, 아메리카 대륙은 큰 수난을 맞이했어. 스페인이 이 대륙을 쑥대밭으로 만들어 버렸거든. 스페인은 멕시코 남동부와 과테말라를 중심으로 번성했던 마야 문명, 멕시코 중부에 있던 아스테카 문명, 페루의 잉카 문명까지 모두 무너뜨렸어. 잉카족은 스페인 군대가 침범하자 산악 지역으로 옮겨가 저항했지만, 결국 황제가 잡혀 처형되면서 나라는 멸망하고 말았지.

　그리고 유럽 국가들은 아메리카 대륙을 나눠 가졌어. 스페인은 중앙아메리카 및 남아메리카 대부분과 미국 남서부를 점령했고, 포르투갈은 브라질을, 프랑스는 캐나다 일부를 지배했어. 결국 유럽과 아메리카의 무역으로 돈을 번 사람은 아메리카의 원주민이 아니라 유럽인이었지.

17세기는 네덜란드의 황금기

네덜란드의 금광, 청어

 마스터, 아까 17세기에 네덜란드가 스페인을 물리치고 최고

의 무역 강국이 된다고 했죠? 스페인의 지배를 받았던 네덜란

드였는데, 어떻게 그럴 수 있었어요?

그 시작은 바로 청어였어. 네덜란드 어부들이 청어를 많이 잡

았던 건 아니?

 당연하죠. 저도 청어를 좋아했어요!

유럽인의 단백질 공급원이었던 청어의 어장은 원래 발트해였

어. 그런데 14세기에 수온이 내려가면서 바닷물 온도에 민감한

청어가 북해로 이동해 버렸지. 네덜란드 어부들에게 행운이 찾

아온 거야.

청어는 부패하기 쉬워서 보관이 어려웠어. 그런데 빌럼 뵈켈

손(Willem Beukelsson)이라는 어부가 청어를 오래 보관하는 방법

을 찾아냈어! 청어의 내장을 단번에 제거하고 머리를 도려내 소금에 절이는 방식이었지. 덕분에 네덜란드는 멀리 지중해 연안까지 청어를 수출할 수 있었고, 그러면서 조선술과 항해술도 발달하여 세계 무역 최강국으로 도약하게 되었어. 청어가 네덜란드의 금광이었던 셈이지.

 어른들이 빌럼 뵈켈손은 네덜란드의 영웅이라고 했어요.

영웅이고말고. 그런데 말이야. 만약 종교 개혁 이후 스페인 국왕 펠리페 2세가 신교도를 박해하지 않았다면, 네덜란드 사람들은 청어 수출 1위에 만족하고 살았을지도 몰라.

 종교 개혁이 뭐예요?

종교 개혁은 로마 가톨릭교의 대대적인 변화를 요구하며 일어났던 운동이야. 1515년, 교황 레오 10세는 로마에 성 베드로 성당을 지을 돈을 마련하려고 독일에서 면벌부를 팔았어. 1517년에 독일의 신학 교수인 마르틴 루터는 "진정한 회개가 중요하지, 돈으로 죄와 벌에서 벗어날 수는 없다!"면서 면벌부 판매를 반대하는 95개조 반박문을 성당 문에 붙였어. 평소 교황에게 불만이 컸던 독일인은 루터를 응원하고 따랐지.

이 운동은 스위스와 프랑스로 퍼져 나갔는데, 단순히 종교에만 영향을 준 게 아니라 경제에도 큰 변화를 가져왔어. 기존 가톨릭교는 절제를 미덕으로 여기고 경제적 이윤을 금기시하는 분위기가 있었어. 그런데 종교 개혁을 확산시킨 프랑스 출신의 칼뱅이라는 신학자는 "신이 내린 재능으로 열심히 일하고 정직하게 돈을 버는 것은 신의 뜻을 따르는 것이며, 부자가 되는 것도 신이 허락한 축복이다."라고 했지. 이러한 생각은 특히 상공업자들에게 큰 힘이 되었고 상업 활동이 보다 활발해졌지.

그리고 결국 종교 개혁은 정치적 갈등과 전쟁으로도 이어졌어. 당시 네덜란드는 스페인의 지배를 받았는데, 펠리페 2세는 가톨릭교에 저항하는 네덜란드의 신교도를 심하게 탄압했거든. 1572년에 이르러 네덜란드가 스페인의 통치를 거부하면서 전쟁이 벌어졌고, 네덜란드 북부 지역은 끝까지 싸워 독립했어. 이렇게 1581년에 네덜란드 연방공화국이 탄생했지.

동인도 회사를 통한 무역

 앗, 내가 집으로 돌아가면 곧 전쟁이 일어나요? 어쩌나, 큰일이네.

네덜란드는 역경을 이기고 강한 나라가 되니까 걱정하지 마. 1580년, 스페인과 포르투갈 합병 후 펠리페 2세는 포르투갈이 유럽의 모든 상인에게 주었던 인도산 후추 판매권을 일부 상인에게만 허용했어. 당연히 네덜란드 상인은 후추 판매권을 빼앗겼지. 게다가 스페인은 네덜란드의 무역을 방해하려고 스페인의 모든 항구에 네덜란드 배가 들어오지 못하게 했어.

결국 네덜란드 상인들은 아시아와 직접 무역을 하려고 앞다투어 무역 회사를 세웠어. 치열한 경쟁으로 회사들이 모두 망할 위기에 처하게 되자 1602년에 네덜란드 정부는 회사들을 모두 하나로 합쳐서 동인도 회사를 만들었지.

동인도 회사는 세계 최초의 주식회사라고 할 수 있어. 회사를 세우면서 시민으로부터 자유롭게 투자를 받았거든. 동인도 회사가 만들어지면서 암스테르담에는 증권 거래소도 설립되었어. 네덜란드 동인도 회사가 시민의 자본으로 세워진 것을 보고 다른 나라에서도 주식회사를 만들기 시작했지.

주식회사는 개인이나 단체에 주식을 팔아서 자본금을 마련한 회사죠? 저는 항상 세뱃돈으로 주식을 사요. 엄마 아빠와 주가 변화를 분석하면서 경제 공부도 하고요.

주식 투자를 하면서 경제를 공부하다니! 이러다 은우에게 경제 마스터 자리를 뺏기겠는걸. 스페인과 포르투갈은 네덜란드가 취한 '신의 한 수' 때문에 무역 강국 자리를 뺏기게 돼. 동인도 회사를 앞세워 상인들이 자유롭게 거래하고 마음껏 돈을 벌 수 있게 했거든. 스페인과 포르투갈은 국가가 무역을 주도하여 상인의 이윤이 크지 않았어. 반면에 큰 이윤을 맛본 네덜란드 상인들은 유럽, 아시아, 아프리카, 아메리카 등 세계를 상대로 무역에

의욕적으로 뛰어들었지.

네덜란드 상인은 운송 효율이 높은 선박도 만들었어. 이 배는 옆구리가 불룩하고 갑판이 매우 좁아서 출발과 정지가 쉽고, 폭풍우도 잘 견뎠어. 속력도 다른 배보다 2배나 빨랐지. 네덜란드에서 생산된 상품은 물론이고 다른 나라의 상품도 운송하게 되면서 네덜란드 선박은 유럽 무역 상품의 90퍼센트를 운송했대. 굉장하지?

17세기에 유럽 사람들이 오세아니아 대륙에 속한 섬들을 발견하면서 세계 모든 대륙이 역사에 등장하게 되었으니, 진정한 세계사는 이때부터 시작되었다고 할 수 있어. 네덜란드는 이런 시기에 세계를 이어 주는 무역을 하면서 황금기를 누렸던 거야.

 우와, 동인도 회사 멋지다!

1726년 암스테르담의 동인도 회사 조선소

일본과 유럽의 교류

최초의 교역 대상은 화승총

아시아와 직접 교역을 하기 위해 항해에 나선 유럽 상인들은 때로 폭풍우를 만나 표류하다 낯선 땅에 닿기도 했어. 포르투갈 상인이 일본 땅에 처음으로 발을 딛게 된 것도 이처럼 뜻밖의 경우였지.

포르투갈은 아시아와 직접 무역을 했지만, 일본은 무역 상대 국이 아니었어. 마르코 폴로를 통해 지팡구(Cipangu)로 알려졌 던 일본은 유럽인이 가기에는 너무 멀었으니까. 마르코 폴로가 지팡구의 왕은 순금으로 만든 궁전에서 산다고 허풍을 떨어서, 관심은 컸지만 말이야. 그런데 1543년 표류하던 포르투갈 상인 이 일본 다네가섬에 도착했어. 이곳 영주가 은을 주고 화승총 두 자루를 사면서 일본과 포르투갈의 첫 교역이 이루어졌지.

1571년 일본은 나가사키 항구를 개방하고 본격적으로 포르투 갈과 무역을 시작했어. 뒤이어 스페인, 영국, 네덜란드와도 무역 을 했지. 일본은 주로 칼, 칠기, 해산물 등을 수출했고, 중국산 비 단, 철, 납, 총 등을 수입했어. 그런데 수입한 총을 연구하고 개발 해서 나중에는 유럽보다 성능이 좋은 총을 만들게 되었단다.

 그렇게 만든 총을 들고 임진왜란을 일으켰던 거네요.

맞아. 1592년 일본을 통일했던 도요토미 히데요시는 총을 앞 세워 조선을 침략했어. 100만 명에 이르는 조선인이 죽고, 경복 궁과 창덕궁이 불타는 등 조선이 입은 피해는 아주 컸지.

도요토미 히데요시가 죽은 뒤에는 도쿠가와 이에야스가 정권 을 잡으면서 무신 정권이 세워져. 이 시기에 일본의 무역은 더욱 활발해졌지. 중국과 유럽 국가뿐 아니라 베트남과 캄보디아 같은 동남아시아와도 직접 거래를 했는데, 일부 지역에는 일본인 마을이 생겨날 정도로 그곳에 머무르며 장사하는 일본 상인들이 늘어났어.

세계 정세를 알려 준 네덜란드 상인의 보고서

그렇지만 일본은 다시 무역을 제한하는 정책을 펴게 돼. 개방한 항구를 통해 상인만이 아니라 가톨릭 선교사도 들어왔는데, 선교 활동을 허용하면 포르투갈과 스페인의 영향력이 커질까 봐 걱정이 됐던 거지. 또한 무역이 활발해져서 상공업이 발달하면 농업 기반의 사회 질서가 무너질 수 있다고 판단한 일본은 선교사를 추방하고 중국, 조선, 네덜란드를 제외한 나라와의 무역을 금지했어.

네덜란드는 1636년부터 나가사키 항구에 설치했던 데지마 상관을 통해서만 거래할 수 있었어. 네덜란드 배가 나가사키 항구에 들어올 때마다 해외 정세 보고서를 제출하는 조건으로! 이 보고서 덕분에 일본은 약 260년 동안의 쇄국 정책에도 불구하고 세계의 변화를 놓치지 않고 지속적으로 산업이 발달했어. 농업의 발전을 해치지 않으면서 상업과 수공업이 함께 성장했던 거야. 이 시기에 형성된 상공업자의 정신과 태도, 경영 관습과 관행 등은 나중에 일본 근대화의 밑거름이 되었지.

 마스터, 하멜도 네덜란드 사람이죠? 여수에서 빨간 하멜 등대 앞에서 사진을 찍고, 하멜 전시관에도 간 적이 있어요.

하멜은 동인도 회사의 직원이었어. 1653년 배를 타고 타이완을 거쳐 일본 나가사키항으로 향하던 중 폭풍을 만나 표류하다가 제주도에 닿았지. 당시 조선은 외국인의 출입을 엄격하게 막고 있었기 때문에 하멜과 그의 동료들은 13년 동안 조선에 붙잡혀 있었어. 이후 탈출에 성공한 하멜은 일본 나가사키의 데지마 상관에서 1년 동안 머물렀고, 다시 동인도 회사의 아시아 본부가 있던 인도네시아를 거쳐 네덜란드로 돌아갔지.

1668년, 하멜은 데지마 상관에서 썼던 《하멜 표류기》를 네덜란드에서 출간했어. 하멜은 13년간의 조선 생활을 바탕으로 조선인들의 일상생활부터 왕실의 모습까지 상세하게 기록을 담아냈지. 《하멜 표류기》는 유럽에 조선을 처음으로 소개한 책으로, 프랑스, 독일, 영국에서도 번역본이 나왔지만, 정작 조선에서는 출판 사실조차 몰랐어. 조선은 철저하게 빗장을 걸고 지냈으니까.

아오, 하멜이 뭐라고 썼을지 궁금하다, 궁금해.

너희들이 궁금한 걸 알아볼 수 있는 시간도 줘야겠구나. 그럼, 수업은 여기서 끝! 기분 좋아?

 **마스터 최고!**

은우와 좀비 어린이들은 싱글벙글거리며 자판기 쪽으로 걸어 가서 퀴즈를 확인했다.

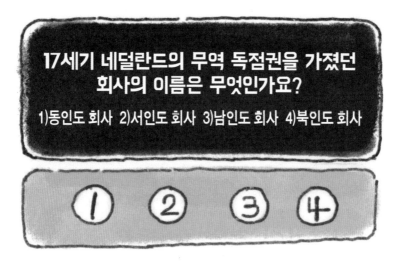

요하나가 문제를 보자마자 소리치며, 1번 버튼을 꾹 눌렀다.

"1번 동인도 회사!"

빛이 번쩍이더니 자판기에서 캔이 하나 툭 떨어졌다. 요하나

124

가 황급하게 캔을 집어 들자마자 문이 천천히 열렸다.

"나도 답을 알았는데. 넌 참 잽싸다."

은우가 복도로 발을 내딛으며 요하나에게 말했다. 요하나는 캔을 톡톡 치면서 웃었다.

"마음이 급했어. 퀴즈를 맞히고 화폐를 얻어야 집으로 돌아가잖아."

요하나의 간절한 눈빛을 보며 은우는 문득 하멜이 떠올랐다. '조선에서 13년을 붙잡혀 있다가 탈출했던 하멜도 이런 마음이었을까?' 그때 요하나가 캔에서 동전을 꺼내 들며 환호성을 질렀다.

"스페인 은화야! 나를 집으로 돌아가게 해 줄 열쇠!"

"축하해!"

타니트와 윈윈이 동시에 말했다.

그러나 윌리엄은 부러운 눈초리로 쳐다보며 혼잣말처럼 중얼거렸다.

"이제 수업이 얼마 안 남았어. 나도 화폐를 얻을 수 있을까?"

은우도 윌리엄이 화폐를 얻지 못하면 어떡하나 걱정이 되었지만, 윌리엄의 등을 토닥이며 힘차게 소리쳤다.

"당연히 가능하지! 걱정하지 마. 얘들아, 이제 핵심 잇기를 하자."

타니트가 은우의 말을 냉큼 받아서 핵심 잇기를 시작했다.

중국은
뛰어난 항해술을 가졌으나
무역과 해외 진출을
제한했고

유럽 국왕들은
강력한 왕권으로 무역과
상공업 발전에 주력했고

스페인과 포르투갈의
신항로 개척으로 유럽과 아시아가
직접 무역을 하게 되었고

네덜란드가 동인도 회사로
세계 최고 무역 강국으로
부상했고

일본은 서양과의 무역을
제한하면서도 세계 정세를
파악하며 발전했어.

조선 전기 경제 #전세 #공납

조선 시대에 쌀은 아주 중요한 물건이었어. 단순히 밥을 짓는 데만 쓰인 게 아니었거든. 농민들은 농사를 지어 얻은 쌀로 세금을 냈는데, 이 세금을 **전세**라고 했어. 전세는 땅에서 나는 농작물로 내는 세금이야. 농민들은 수확량의 약 10분의 1을 나라에 바쳐야 했어.

그런데 세금을 걷는 방식이 꽤 까다로웠어. 나라에서 쌀만 걷는 게 아니라, 지방에서는 **공납**이라는 방식으로 특산물도 요구했거든. 예를 들자면 비단, 종이, 말총 같은 물건을 내야 했는데, 농민들이 이런 물건을 직접 만들기는 어려웠어. 그래서 시장에서 비싸게 사서 바쳐야 했지. 이런 이유로 공납은 농민들에게 큰 부담이 되었어.

조선 중기 경제 #대동법 #상평통보 #모내기법

공납이 백성들에게 골칫거리가 되자 1608년에 광해군은 새로운 세금 제도를 만들었어. 바로 **대동법**이야. 특산물 대신 쌀로 세금을 낼 수 있게 한 거지. 쌀은 누구나 농사를 지으면 얻을 수 있으니 훨씬 공평했어. 대동법이 시행되면서 나라에서는 필요한 물건을 공인이라는 상인들에게 사 오게 했어. **공인**들은 나라

가 준 돈으로 물건을 구해오고, 그 과정에서 장사도 하며 돈을
벌었지. 이렇게 공인들이 활동하면서 시장도 활발해졌고, 상업
이 크게 발달했단다.

1678년, 숙종 때는 **상평통보**라는 동전을 만
들어 전국에서 통용되도록 했어. 사람들
은 장날에 물건을 사고팔며 상평통보를
주고받았고, 상인들 사이에서도 화폐 경
제가 자리 잡게 되었지. 상평통보를 비롯한
조선 시대 금속 화폐를 통틀어 엽
전이라고도 해. 가지에 잎사귀가
달린 모양의 틀을 만들고 그곳에
쇳물을 부어 굳게 한 후 떼어 내어
만들었단다.

또한 조선 중기에는 농업 기술이 크게 발전했어. 그중에서도 모
내기법(이앙법)은 농업에 혁명을 가져왔지! 모내기법은 먼저 논
한쪽에서 모를 키운 다음, 이 모를 논에 옮겨 심는 방법이야. 이
방법은 노동력을 줄여 주었을 뿐만 아니라 물 관리도 훨씬 쉽게
만들었어.

윌리엄은 축구를 좋아해!

    은우는 오싹오싹 문구점 앞에 축구 유니폼을 입고 나타났다. 좀비 어린이들이 멋있다며 환호성을 질렀다. 그러나 윌리엄은 은우를 물끄러미 쳐다보다가 시무룩한 표정을 지으며 말했다.

    "나도 축구하는 걸 좋아했는데."

은우는 윌리엄이 축구를 좋아했다는 말을 듣고 깜짝 놀랐다.

"대박. 네가 축구를 했다고?"

"응. 친구들과 축구하는 걸 좋아했어. 축구 경기 보는 것도 좋아했고."

하지만 축구가 무엇인지 모르는 다른 좀비 어린이들은 얼른 교실에 가고 싶은 마음뿐이었다.

"이야기 그만하고 가자. 늦으면 교실에 들어갈 수 없잖아."

아이들은 말이 끝나기 무섭게 학교로 달려갔다. 그렇지만 아이들은 복도 끝 그림이 걸린 곳에서 은우와 윌리엄을 기다리고 있었다.

"왜 교실로 들어가지 않았어?"

은우가 묻자 요하나가 작게 속삭이듯 대답했다.

"내가 기다리자고 했어. 우리는 한 번도 교실 문을 연 적이 없잖아. 문을 열다가 실수하면 어떡해?"

"엄청 소심하네. 바보 같아."

하지만 말이 튀어나오자마자 은우는 자신도 모르게 움찔했다. 무례하거나 나쁜 행동을 한 사람은 교실 문을 열 수 없다는 이야기가 떠올랐기 때문이다. 은우는 방금 했던 말이 그런 행동일까 봐 걱정하며 조심스러운 마음으로 문을 밀었다.

'비웃을 마음은 전혀 없었습니다. 제발 문이 열리게 해 주세요.'

다행히 바로 복도가 어두워졌다.

"마스터, 안녕하세요!"

아이들은 생글거리며 인사를 했고, 마스터도 환한 미소로 그
들을 맞았다. 마스터는 커튼을 닫았다가 열며 말했다.

"오늘은 특별한 장면을 보여 줄게."

창밖에는 사람들이 공장에서 열심히 일하는 모습이 펼쳐졌다.

역직기가 설치된 면직물 공장, 1835년 영국

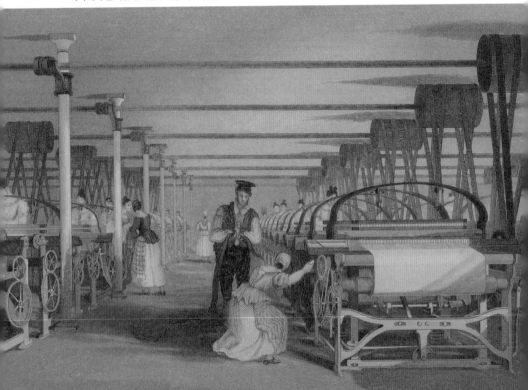

영국에서 시작된 산업 혁명

면직물 공업의 기계화

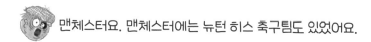 윌리엄이 친구들과 축구를 했대요. 축구 경기 보는 것도 좋아했고요. 신기하죠?

그래? 윌리엄, 넌 어디서 살았니?

맨체스터요. 맨체스터에는 뉴턴 히스 축구팀도 있었어요.

뉴턴 히스 축구팀이라……. 맨체스터 유나이티드의 예전 이름 같은데. 잠깐만, 검색해 봐야지. 내 기억이 맞네. 1902년에 맨체스터 유나이티드로 이름이 바뀌었어. 그렇다면 윌리엄이 오늘 이야기할 시대에서 왔구나. 오늘은 산업 혁명 전후인 17세기 후반부터 19세기까지의 이야기를 들려줄 거야.

영국에서 시작된 **산업 혁명**은 새로운 기계의 발명으로 공장제 기계 생산이 이루어지면서 사회와 경제 구조가 크게 변했던 현상을 말해. 17세기 후반, 영국에서는 땔감과 숯이 부족해지면서 석탄을 연료로 쓰기 시작했어. 하지만 깊은 땅속에서 석탄을 캐다 보니 지하수가 터지는 문제가 생겨서 탄광에 고인 물을 퍼내기 위한 기계가 발명되었지.

1781년에 제임스 와트는 이 기계에서 아이디어를 얻어 물이 끓을 때 나오는 수증기의 힘을 운동 에너지로 바꾸는 증기 기관을 발명했어. 이 증기 기관은 사람의 노동을 대신하는 다양한 기계의 발명으로 이어졌고, 산업 혁명을 본격적으로 이끌었지.

산업 혁명이 시작된 분야는 면직물 공업이었어. 17세기 초반까지 유럽 사람들은 주로 모직물로 만든 옷을 입었는데, 당시 최대 모직물 생산지는 영국의 요크셔 지방이었어. 그런데 인도 무굴 제국에서 수입된 면직물이 저렴하고 세탁도 쉬워서 인기를 끌자, 모직물 판매는 큰 타격을 입었지. 방직공들은 면직물 수입을 반대하는 치열한 시위를 벌였고, 결국 영국 정부는 1721년에 인도산 면직물 수입을 금지했어. 그러면서 영국은 직접 면직물을 생산하기 시작했고, 이 과정에서 옷감을 짜는 방직기와 면화에서 실을 뽑아내는 방적기가 속속 발명되었지. 일일이 손으로 실을 뽑아내고 옷감을 짰던 사람들은 기계가 일하는 속도에 놀라움을 금치 못했단다.

1764년에 발명된 제니 방적기

철도의 발달

 마스터, 저는 증기 기관차를 본 적 있어요! 맨체스터에는 세계
최초의 기차역이 있거든요. 뉴턴 히스 축구팀도 철도 회사 노동
자들이 만들었어요.

그래, 세계 최초의 기차역이야말로 맨체스터의 자랑거리이지.
지금은 그 시절의 역사를 엿볼 수 있는 과학 산업 박물관으로 바
뀌었어. 박물관에는 옛날 면직물 방직기 같은 세계 최초의 물건
들이 전시되어 있고, 바닥에 남은 옛 철로 위로는 증기 기관차가
칙칙폭폭 달리기도 해. 신기하지?

철도와 증기 기관차는 조지 스티븐슨이 발명했어. 기계화로
생산량이 폭발적으로 증가하면서 원료와 제품을 빠르게 실어 나

를 새로운 운송 수단이 절실해졌거든. 증기 기관차 시험 운행에 성공한 조지 스티븐슨은 철도를 만들고 기관차 공장까지 세웠어. 1825년 증기 기관차가 스톡턴-달링턴 철도를 무사히 달리게 되면서 철도 시대가 열렸지. 이어 1830년에는 항구 도시인 리버풀과 공업 도시인 맨체스터를 연결하는 철도가 개통되어 사람들도 증기 기관차를 타고 도시를 오갈 수 있게 되었어. 영국의 철도 운행이 시작되자 다른 나라에서도 서둘러 철도를 건설했지.

산업 혁명이 몰고 온 기술 혁신으로 경제는 엄청나게 성장했고, 세상은 급속하게 달라졌어. 교통이 발달한 도시에는 커다란 공장들이 들어섰고, 사람들은 일자리를 찾아 도시로 몰려들었지. 도시의 공장에서는 기계들이 쉴 새 없이 돌아갔고!

수에즈 운하 건설

 기계들이 쉴 새 없이 물건을 만들었다면 무역도 늘었겠죠?

물론이지. 무역이 크게 늘면서 상품 운송량이 엄청나게 많아졌어. 그러자 원활하게 상품을 운송하기 위해 여러 운하가 만들어졌단다. 그중에서도 동서양을 최단 거리로 이어 주는 수에즈 운하의 건설은 아주 역사적인 일로 꼽혀. 운하 개발권은 프랑스가 갖고 있었지만, 영국이 운하 회사의 주식을 사들이면서 결국 영국과 프랑스가 함께 수에즈 운하를 건설하게 되었지.

1869년, 드디어 11년에 걸친 대공사를 끝내고 수에즈 운하가 개통되었어. 아래 지도를 볼래? 운하가 개통되면서 유럽에서 인도양과 아시아로 가는 항로가 절반으로 줄었지? 수에즈 운하를 통해 아프리카 남쪽의 희망봉을 돌지 않고 지중해에서 홍해를 거쳐 바로 인도양으로 나갈 수 있게 돼서 그래. 하지만 수에즈 운하가 개통되면서 서양 강대국의 관심은 아프리카로 쏠렸고, 아프리카의 대부분 나라는 식민지가 되는 운명에 처하게 돼.

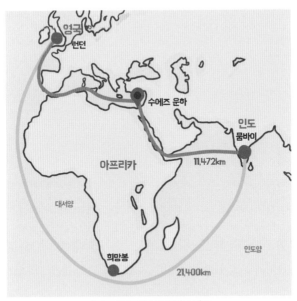

수에즈 운하 개통 전후 경로 비교

금융업과 유통업의 발달

은행권의 탄생

기계 설비를 갖춘 대규모 공장을 세우고, 철도와 운하를 건설하기 시작하면서 아주 큰돈이 들어가게 됐겠지? 기업이 필요로 하는 자본의 규모가 엄청나게 커지자 자연스럽게 금융업도 발전하고, 지폐 사용이 자리 잡게 되었어.

 금융이 뭐예요?

금융은 돈을 맡기고 빌리는 일을 연결하여 돈이 필요한 곳으로 잘 흘러가도록 하는 일을 말해. 즉, 돈의 흐름을 중개하는 거지.

 그리고 금융 회사 중 가장 대표적인 곳이 은행이죠?

은우가 있어서 내가 참 든든하다! 이탈리아에서는 돈을 빌려주는 일을 겸했던 환전상이 은행으로 발전했어. 금융의 필요성이 커지자 다른 나라에서도 같은 일을 하는 사람이 생겼지.

17세기 영국에서는 주로 금세공업자인 골드스미스가 이런 역할을 했어. 이들은 금세공을 하면서 금화와 귀금속을 보관해 주기도 했는데, 이때 보관중인 '골드스미스 노트'를 발급했어. 이걸 보여 주면 언제든 맡긴 금화를 돌려받을 수 있었지. 처음에는 노트로 금화를 찾아서 그 금화로 물건을 샀는데, 점차 사람들은 노트만 주고받으며 거래하게 되었어. 언제든 금화로 바꿀 수 있는 노트를 금화처럼 여기게 된 거야.

골드스미스 노트가 지불 수단이 되자 사람들은 돈을 빌리듯 이자를 주고 노트를 빌렸어. 그러던 어느 날 골드스미스는 깨달았지. 오랜 시간이 지나도 일정량의 노트는 금화로 교환되지 않으며 사람들이 한꺼번에 금화를 찾으러 오지도 않는다는 사실을. 그러자 골드스미스는 실제로 맡아 둔 금화나 귀금속보다 더 많은 양의 골드스미스 노트를 만들어서 이자를 받고 빌려주었어.

이런 일로 돈이 쏠쏠하게 벌리자, 골드스미스는 금세공은 뒷전으로 하고 골드스미스 노트를 만들어서 빌려주는 일에 몰두했지. 나중에는 아예 은행을 만들고, 은행권을 발행해 빌려주었어. 은행권이란 은행에서 찍어 낸 지폐를 말해. 한국은행에서 발행한 1,000원 지폐를 보여 줄게.

여기 '한국은행'이라고 적혀 있지? 한국은행이 발행한 지폐라는 걸 나타낸 거야.

이상하다! 전에 원나라 지폐가 쓸모가 없어지게 된 후 명나라 사람들은 지폐를 사용하지 않았잖아요. 그런데 영국 사람들은 어떻게 지폐를 사용하게 되었어요?

사람들이 은행을 신뢰했기 때문이야. 은행이 발행한 지폐만큼 금을 보관하고 있다가, 지폐를 가져오면 언제든 금으로 바꿔 준다고 약속했거든. 이처럼 보유한 금을 기반으로 화폐를 발행하는 제도를 **금 본위 제도**라고 해. 이 제도는 은행이 화폐를 마구 발행해서 경제를 어지럽히는 일을 막아 줘.

1819년 영국이 공식적으로 금 본위 제도를 도입하자 은화 대신 영국의 파운드화를 주고받는 국제 거래가 늘어났어. 세계 무역의 60퍼센트 성도가 영국 파운드화로 결제될 정도였지. 20세기 초까지 다른 국가에서도 금 본위 제도를 채택하여 화폐의 신용을 보장했던 덕분에 지폐 사용은 자리를 잡을 수 있었어.

하지만 1차 세계 대전 이후 많은 나라가 금 본위 제도를 포기하게 돼. 금은 무한정 공급되는 금속이 아니잖아. 경제 규모가 확대되고 거래가 활발해지려면 그만큼 화폐량도 늘어나야 해. 화폐량이 부족하면 경제 활동이 위축되지. 이런 문제를 피하려고 금이 부족해도 지폐를 발행할 수 있게 금 본위 제도를 폐지했던 거야.

그러다 지폐가 또 휴지 조각이 되면 어떡해요! 1차 세계 대전에서 패한 독일에서는 빵 한 조각을 사려면 돈을 수레에 가득 싣고 가야 할 정도로 화폐 가치가 폭락했다고 들었어요. 2000년대 후반에 아프리카 짐바브웨에서도 비슷한 일이 일어났고요!

 지폐가 왜 휴지가 돼요? 지폐를 많이 만들면 돈이 많아지니까 좋은 거 아니에요?

안타깝게도 그렇지 않아. 지폐를 많이 찍어서 유통되는 돈이 늘어나게 되면 화폐 가치가 떨어져. 돈이 많이 생기니까 소비자들은 전보다 더 많이 돈을 쓰게 되겠지? 물건 공급량은 그대로인데 돈의 양만 늘어나면 물건 가격은 올라가게 돼. 돈의 양이 두 배로 늘었다면 1,000원에 샀던 물건이 2,000원이 될 때까지. 다시 말해, 경제 규모는 그대로인데 화폐 발행량만 늘어나면 물가가 올라가게 되는 거지. 이처럼 화폐 가치가 떨어져 물가가 계속 올라가는 현상을 **인플레이션**이라고 해.

그렇지만 대부분 나라에서 은행의 신용을 바탕으로 화폐를 발행하는 제도는 안정적으로 운용되고 있어. 각국의 중앙은행이 화폐 제도를 잘 관리하고 있으니까.

중앙은행 제도의 시작

 중앙은행이 뭐예요?

평소에 우리가 은행이라고 했을 때 떠올리는 곳은 기업이나 개인의 예금을 받고 돈을 빌려주는 일을 주로 하는 상업 은행이야. 그런데 중앙은행은 일반 기업이나 개인과는 거래하지 않고 상업 은행을 포함한 금융 회사하고만 거래를 해. 그래서 중앙은행을 '은행의 은행'이라고도 하지.

금융 회사를 상대로 예금과 대출 업무를 하지만 중앙은행의 가장 중요한 역할은 화폐를 발행하고 관리하는 일이야. 한국의 중앙은행인 '한국은행'이 한국에서 사용하는 화폐를 발행하는 것처럼 말이야.

 한국에서는 한국은행만 화폐를 찍어 낼 수 있어요? 금을 가지고 있으면 어느 은행이든 지폐를 만들 수 있는 줄 알았어요.

유럽에서 은행권이 처음 등장했을 때는 어느 은행이나 보유한 금의 가치만큼 화폐를 발행할 수 있었어. 그런데 19세기 중반에 중앙은행이 화폐를 발행하고 관리하는 권한을 갖는 제도가 생겨

144

낳지. 이런 제도는 잉글랜드 은행에서 비롯되었어.

　잉글랜드 은행은 1694년에 영국의 신흥 귀족들이 만들었던 은행이야. 프랑스와 전쟁을 치르느라 빈털터리가 된 국왕에게 화폐를 발행하여 돈을 빌려주기로 약속하고, 은행 설립 허가를 받았지. 신흥 귀족들은 다른 은행들이 화폐를 발행하는 게 못마땅했어. 1844년, 이들은 국왕에게 압력을 넣어 잉글랜드와 웨일스 지역에서는 잉글랜드 은행만 화폐를 발행할 수 있는 법을 만들었지. 그래서 다른 은행은 더 이상 은행권을 발행하지 못하게 되었어.

백화점의 등장

 세상에, 정신이 없을 정도로 세상이 계속 바뀌네요.

　생산과 금융 환경만 변했던 건 아니야. 기계화로 의류나 장식품 같은 소비재의 생산이 늘면서 소비 환경도 변했어. 그 변화를 대표하는 것이 바로 19세기 중반에 등장한 백화점이야.

　백화점의 등장은 다양한 혁신들이 맞물린 결과야. 먼저 일자리를 찾아 도시로 몰려드는 사람들이 늘면서 도시에는 소비자가 많아졌고, 도시와 근교를 잇는 철도 덕분에 상품과 원료의 운송도 편리해졌어. 철강 산업의 발달로 대형 건물을 지을 수 있게 되었고, 대형 유리로 쇼윈도도 만들게 되었으며, 엘리베이터까지 개발되었지. 게다가 주식회사와 은행이 생기면서 큰 규모의 경영에 필요한 자금을 구하기도 쉬워졌어. 신문과 잡지를 통해 많은 사람에게 한 번에 광고할 수도 있게 되었고! 이러한 산업화의 결과들이 한데 모여 백화점이라는 새로운 형태의 시장이 탄생한 거야.

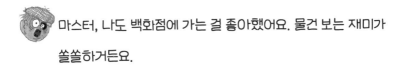

마스터, 나도 백화점에 가는 걸 좋아했어요. 물건 보는 재미가 쏠쏠하거든요.

너희 집은 부자인가 보다! 백화점에서는 값비싼 물건을 주로 팔잖아.

지금과 달리 초기 백화점의 고객은 중산층과 소득 수준이 높은 임금 노동자였어. 당시 최상류층 사람들은 고객을 특별 관리하는 전문 상점에서 옷을 맞춰 입었거든. 그래서 백화점은 최상류층 다음으로 경제적 여유가 있는 계층을 겨냥해 판매 전략을 세웠어. 영국 해러즈 백화점은 '다른 세계로 들어오십시오(Enter a different world).'라는 문구로 광고를 했지. 백화점은 최고급품은 아니지만 유행에 민감한 사람들에게 신상품을 계속 소개하면

서 시대에 뒤처지지 말라고 부추겼어. 상류층처럼 모자를 쓰고 값비싼 속옷을 입으면 사회적 지위가 올라간다고 착각하게 만든 거지. 그러자 소비를 결정하는 요인이 '필요'가 아니라 '자기 과시'로 옮겨 갔어. 사람들이 주위를 의식하며 자랑하기 위한 상품을 고르고, 무엇을 소유했는지에 따라 사람을 판단하는 분위기가 생겼던 거야.

자본가와 노동자의 갈등

기계 파괴 운동

 윌리엄, 너희는 손으로 했던 일을 기계로 빨리 끝낼 수 있어서 좋았겠다.

 나라면 일자리를 뺏길까 봐 걱정돼서 싫었을 것 같아.

윈윈의 추측이 맞아. 새로운 기계들이 등장하자 노동자들은 불안해졌어. 게다가 프랑스와 오랜 전쟁을 치르면서 영국은 살림살이가 더욱 궁핍해졌거든. 특히 영국 노팅엄에서 대대로 양말을 만들며 안락하게 살았던 이들은 기계 때문에 일자리가 줄어들지도 모른다는 위기감을 느꼈어. 그래서 1811년 노팅엄 노동자들은 양말과 레이스를 짜는 기계를 부숴 버렸지. 이 사건이 알려지면서 영국의 여러 지역에서 불안감을 느낀 노동자들이 기계를 파괴하는 일이 벌어졌어. 그러자 의회는 기계 파괴를 금지하는 법안을 통과시켰고, 정부는 군인을 보내서 **기계 파괴 운동 (러다이트 운동)**을 진압했어. 1816년에 17명이 사형당하는 비극을

겪으면서 이 운동은 막을 내렸단다.

면직물 공업에서 이루어졌던 기계화는 철강 공업, 석유화학 공업, 기계 공업 등 다른 산업 발전에도 영향을 주었어. 기계화가 상당 수준에 이르자 영국에서는 이를 자랑하기 위한 잔치를 열었지. 1851년 5월부터 열린 런던 박람회에서는 기관차, 선박용 엔진, 고속 인쇄기, 직물 기계, 공작 기계 등 영국 공업을 빛낸 제품들이 인기를 끌었어. 세계 모든 나라의 공업 제품이 전시된 자리였지만 전시품의 절반이 영국 제품이었지. 영국은 이미 기술 혁신을 이루었지만, 다른 나라에서는 공업화가 막 시작된 시기였으니까.

노동자의 궁핍한 생활

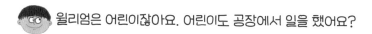 우리 가족은 농촌에서 살다가 내가 일곱 살 때 맨체스터로 이사했어요. 농촌에서는 가족이 함께 집에서 보내는 시간이 많았지만, 맨체스터에서는 그럴 수 없었죠. 아빠는 화물 창고에서, 엄마는 상점에서 일했고, 나는 학교에 다녔거든요.

다행이다. 조금 더 일찍 태어났으면 너도 공장에서 일했을지도 몰라!

윌리엄은 어린이잖아요. 어린이도 공장에서 일을 했어요?

임금을 낮추기 위해 여성이나 어린이를 고용하는 공장도 많았거든. 영국은 산업 혁명으로 세계에서 제일가는 부자 나라가 되었지만, 새로운 문제가 생겨났어. 노동자에게 임금을 적게 줄수록 공장 주인의 이윤은 높아져. 그래서 임금을 올려 주는데 몹시 인색했던 공장 주인이 많았어. 낮은 임금을 받는 노동자의 생활은 비참할 수밖에 없었지.

위험하고 열악한 환경에서 노동자들은 낮은 임금을 받으며 하루 14시간 이상 일했어. 주거 환경도 형편없어서 건강을 해치기 일쑤였지. 공장 주변의 공동 주택에 살면서 침대 하나를 서너 명이 번갈아 사용하거나 화장실 하나를 여러 세대가 공동으로 사용하는 상황이었지. 비위생적인 환경에서 생활하다 보니 전염병이 자주 발생했고, 전염병이 돌면 한꺼번에 많은 사람이 죽었어. 1840년대 영국인의 평균 수명은 40세 정도였는데, 맨체스터나 리버풀 같은 공업 도시에 살았던 노동자 가정의 평균 수명은 겨우 15세였대. 노동자 자녀의 절반 정도가 5살이 되기 전에 죽었다니 너무 안타깝지?

산업 혁명 시기 섬유 공장에서 일하는 어린이들 ©Lewis Wickes Hine

노동자의 단체 행동

 공장 주인에게 항의 해야지, 왜 그렇게 살았을까요?

혼자서 부당하다고 항의하면 공장 주인이 내칠까 봐 두려웠으니까. 그렇다고 참고만 있었던 건 아니야. 노동자들은 단체 행동으로 자신들의 권리와 이익을 요구하기도 했어. 공장 주인들은 노동자의 단체 행동을 막으려고 정부를 설득하여 1799년에 노동자 단결 금지법을 만들었지만, 이 법은 노동자의 저항으로 1824년에 폐지되었어.

노동자들은 노동 환경과 조건을 개선하려면 그들을 위해 일할 사람을 의회로 보내야 한다고 판단했어. 1832년에 개정된 선거법에도 노동자의 선거권을 인정하는 조항이 들어 있지 않자, **차티스트 운동**을 벌였지. 이 운동은 표면적으로는 선거법 개정을 요구했지만, 실질적으로는 노동자의 권리를 높이기 위한 세계 최초의 전국적 노동 운동이었어. 차티스트 운동 덕분에 1847년 영국에서는 하루 노동 시간을 10시간으로 제한하는 노동법이 만들어졌지.

 노동자들이 단결해서 권리를 찾았다니 대단해요. 제 아버지는 땅 주인에게 줘야 하는 곡식이 너무 많다고 늘 억울해했어요. 그렇지만 말은 못 하고 끙끙 앓기만 했죠. 다른 농민들도 마찬가지였고요.

노동자 혁명을 외쳤던 마르크스와 엥겔스

역사를 살펴보면 항상 생산 수단을 소유하고 통제하는 지배 계급과 그들을 위해 일하며 다스림을 받는 피지배 계급이 있었어. 농업 사회에서는 땅 주인이 지배 계급이었고 농민은 피지배 계급이었지. 산업화 후에는 자본가와 노동자라는 새로운 계급이 등장해. 산업화로 풍요해진 사람은 소수의 자본가였고, 대부분 사람은 가난한 노동자로 살아야 했어. 타니트 말처럼 농경 시대에는 두 계급의 갈등이 묻혀 있었어. 그런데 산업화 시대에는 경제적 불평등을 없애려면 적극적인 변화가 필요하다고 주장했던 사람들이 나타났지.

독일 사람인 카를 마르크스와 프리드리히 엥겔스는 계급 간의 갈등을 없애려면 결국 계급이 없는 사회가 되어야 하고, 이런 사회의 주인공은 노동자여야 한다고 주장했어. 노동자를 위한 세상을 만드는 과정에서 사회 경제적 피해를 줄이는 유일한 방법은 혁명이므로 사회를 변화시키기 위한 폭력은 정당하다고 보았지.

1848년 2월, 이들은 〈공산당 선언〉을 통해 "지금까지의 모든 사회의 역사는 계급 투쟁의 역사이다."라고 하며, "전 세계의 노동자여, 단결하라!"라고 외쳤어. 전 세계의 노동자가 단결하면 자본가만 잘사는 사회는 몰락하고 노동자의 사회가 된다고 주장했던 거야. 그런 사상을 **사회주의**라고 해.

싸움을 부추기다니, 나빠요! 우리 엄마는 항상 싸우면 안 된다고 했어요.

　부당한 일을 당해도 무조건 참으라는 뜻은 아니었을 거야. 물론 친구들과 사소한 일로 다투는 건 나쁘지만.

　마르크스와 엥겔스의 주장은 처음에는 사상으로만 받아들여졌어. 그러다 1917년에 실제로 러시아에서 사회주의 혁명이 일어났고, 1922년에 소련이라는 사회주의 국가가 탄생했지. 소련이 평등한 사회를 만들려고 실시했던 집단 농장 사업은 별 성과를 거두지 못했어. 그러나 강력하게 진행되었던 산업화와 교육 정책에 힘입어 철강업을 비롯한 중공업과 전쟁 물자를 만드는 군수 공업이 비약적으로 성장했어. 1929년부터 1940년까지 소련이 눈부신 경제 성장을 이루자 여러 지역에서 사회주의 국가가 탄생했지.

　내일 설명하겠지만, 같은 시기 미국과 유럽 경제는 대공황으로 어려워지면서 사회주의가 자본주의와 어깨를 나란히 할 정도로 힘을 얻게 돼. 그래서 한때 세계는 자본주의 국가와 사회주의 국가로 나누어졌단다.

산업화에 따라 달라진 국가 위상

프랑스와 독일의 산업화

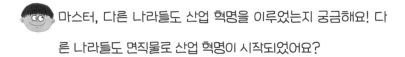 마스터, 다른 나라들도 산업 혁명을 이루었는지 궁금해요! 다른 나라들도 면직물로 산업 혁명이 시작되었어요?

그렇다고 할 수 있지. 나라마다 진행 과정이나 산업화 이후의 상황은 조금씩 다르지만 말이야. 영국 다음으로 산업 혁명을 이룬 프랑스는 농업을 바탕으로 서서히 공업화를 이루었어.

1804년 스스로 황제가 된 나폴레옹은 중앙은행인 프랑스 은행을 설립하고 국내 산업을 보호하기 위해 수입품에 관세를 물리는 등 경제 부흥을 꾀했지. 1806년 나폴레옹은 영국과의 전쟁에서 패배하자 영국과의 무역을 금지하고 영국 선박이 유럽 대륙에 출입하지 못하게 대륙 봉쇄령을 내려. 영국산 면직물을 더 이상 수입할 수 없게 되자 프랑스에서는 면직물 공업의 기계화가 빨리 이루어졌지.

개성이 강하고 예술적인 안목이 높은 프랑스인의 특성은 산업화에서도 잘 드러나. 그들은 다양한 취향을 고려한 고급 제품을 소량 생산하는 방식으로 공업을 발달시켰어. 과학 기술을 예술에 접목하여 영화 산업을 탄생시키고, 에펠탑을 건설하기도 했지. 1895년 뤼미에르 형제는 자신들이 발명한 '시네마토그라프'를 이용해 세계 최초의 영화를 상영했어. 파리의 관광 명소인 에펠탑은 1889년 국제 박람회 때 프랑스의 철강 산업을 자랑하기 위해 세웠던 철제 구조물이야. 비록 시작은 늦었지만, 프랑스는 19세기 말에 전기, 알루미늄, 자동차 공업이 크게 발전하여 영국에 뒤지지 않는 산업화를 이루었어.

영화? 처음 듣는 말인데요. 오늘은 이해할 수 없는 내용이 많아요. 산업 혁명으로 딴 세상이 됐나 봐요.

딴 세상이 됐지. 농사짓기로 경제 역사가 시작된 이후 가장 획기적 사건을 꼽으라면 산업 혁명이야. 산업 혁명으로 농업 사회가 공업 사회로 바뀌면서 엄청난 변화가 일어났으니까.

이제 독일의 산업화를 알아보자. 1871년 독일 제국이 세워지기 전까지 수백 개의 작은 도시 국가로 있었던 독일은 프랑스보다 산업화가 늦었어. 1834년 관세 동맹으로 경제적으로 하나가 되면서 모직물과 면직물 공업의 기계화가 시작되었지. 그렇지만 독일은 영국이 100년 동안 이룬 성과를 50년 만에 달성했어. 비결은 교육의 힘! 의무 교육 덕분에 독일 사람 대부분은 글을 읽고 쓸 줄 알았거든.

독일의 통일을 이끌었던 프로이센 왕국은 이미 18세기에 세계 최초로 의무 교육법을 만들고 8년 무상 교육을 시행했어. 산업화가 가장 빨랐던 영국에서도 1870년에야 초등 교육법이 만들어졌는데 말이야. 과학 기술 교육이 앞섰던 프로이센 왕국에서는 1830년대에 고등학생의 30퍼센트 이상이 실업 학교에서 공부했어. 이런 교육 환경 덕분에 독일은 19세기 말에 영국이나 프랑스와 비슷한 수준의 산업화를 이루었지.

특히 독일 민족은 과학적 소양이 뛰어나. 실험실에서 과학 기술 연구에 열중했던 인재들 더분에 독일은 전기와 화학 산업의 선두가 되었어.

미국과 일본의 산업화

산업화는 다른 대륙에서도 일어났는데, 영국 이민자들이 세운 미국은 독일보다도 먼저 산업화가 시작되었어. 1776년 독립 선언 이후, 1789년 조지 워싱턴이 초대 대통령으로 선출되면서 국가의 틀이 잡혔고, 북동부 지역에서는 산업화가 본격적으로 진행되었지. 주로 농촌 출신의 젊은 여성들과 아일랜드 이민자들이 일했던 면방직 공업을 시작으로 가죽, 목재, 철강, 기계 공업도 발달했어.

반면 남부 지역의 산업화는 상대적으로 더뎠어. 흑인 노예의 노동력에 의지해 면화, 담배, 쌀, 사탕수수 등을 재배했던 남부에서는 농산물의 생산·가공·유통과 무관한 산업에는 관심이 없었거든. 대규모 가족 기업 형태로 밀과 옥수수를 재배하거나 소와 돼지를 기르는 축산업을 주로 했던 중서부도 마찬가지였지. 하지만 1860년대에 남북 전쟁이 일어나면서 남부와 중서부에서도 산업화가 시작되었어.

미국 산업화의 날개가 된 분야는 철도 산업이었어. 남북 전쟁이 한창일 때 대륙 횡단 철도 공사가 시작되었지. 유니언퍼시픽

미국 최초의 대륙 횡단 철도 개통식

철도 회사는 네브래스카에서 서쪽으로, 센트럴퍼시픽 철도 회사는 캘리포니아에서 동쪽으로 철도를 건설했어. 1869년 유타에서 두 철도가 만나면서 미국을 동서로 잇는 철도가 완성되었지.

미국은 농업의 기계화로 세계 최대 식량 생산국이 되었고, 중서부 목장에서 키운 소에서 얻은 고기는 냉동 시설을 갖춘 열차를 타고 북동부 시장으로 보내졌어. 증기 선박과 냉동 기술의 발전으로 곡식은 물론 소고기처럼 상하기 쉬운 상품도 유럽으로 수출하게 되었지. 그 결과 19세기 말에 미국의 생산 규모는 영국을 뛰어넘게 되었단다.

혹시 동양에서도 산업화를 이룬 나라가 있어요?

19세기 말 일본에서도 산업화가 시작되었어. 1854년 무역항 두 곳을 개방한 일본은 1858년에 다섯 항구를 더 개방했지. 그런데 미국과 유럽으로 공산품 원료와 차를 수출하는 양이 늘어나면서 정작 국내 시장에 팔 물건이 부족해졌어. 물건 공급이 줄어들어 물가가 상승하자 서민과 무사 계급은 무역을 허용한 정부에 불만이 생겼어. 이들이 등을 돌리면서 거의 7세기 동안 지속되었던 무사 정권이 무너졌지.

다시 정권을 잡게 된 메이지 천황은 우선 교통과 통신 산업

161

부터 기반을 다졌어. 1872년 철도 건설을 시작하여 1890년까지 2,000킬로미터가 넘는 철도를 건설했고, 주요 도시에 전신선을 설치했지. 그 무렵 방직업과 방적업의 기계화가 이루어지면서, 제철업, 조선업, 기계 공업도 급격히 발달했어. 특히 일본의 3대 기업 그룹인 미쓰이, 미쓰비시, 스미토모에 속한 기업들은 유럽과 미국 기업에 필적할 정도로 기술력을 키워 나갔단다.

아편 전쟁과 중국의 몰락

 중국 이야기도 궁금해요. 중국의 기술은 얼마나 더 발전했어요?

네게는 안타까운 일이지만 중국은 영국과의 전쟁에서 지면서 이빨 빠진 호랑이 신세가 되고 말아. 17세기 말부터 영국은 중국 청나라에서 차(茶)를 수입했어. 18세기 말에 차의 수입량이 영국의 모직물, 금속, 면화 수출량에 맞먹을 정도가 되자 놀란 영국은 수입을 줄이려고 관세율을 올렸어. 그런데 차 수요가 줄기는커녕 오히려 밀무역만 늘어나서 다시 관세율을 내렸지. 인도산 면화를 중국으로 수출해 보았지만 역시 무역 적자를 줄이는 데는 별 효과가 없었어.

그러자 영국은 청나라에 아편을 팔기로 했어. 아편은 사람에게 해로운 물질이라 드러내 놓고 수출할 수 없어서 인도에서 생산한 아편을 청나라로 밀수출하는 비열한 방식으로. 그리고 인도에서는 아편을 팔고 받은 돈으로 영국산 공산품을 사게 했지.

아편 수입액이 차 수출액보다 많아지면서 아편은 청나라 사람들의 몸과 정신을 병들게 했어. 화가 났던 청나라 정부는 아편 판매상을 사형에 처하고, 영국 상인에게서 아편을 강제로 빼앗아 불태웠지. 영국이 이를 응징하고자 벌였던 전쟁이 1차 아편 전쟁이야. 전쟁에서 패한 청나라는 홍콩을 영국에 내주고, 광저우 외에 4개의 항구를 추가로 개방해야 했어. 또한, 영국과 무역할 때 여러 특혜를 줄 수밖에 없었지.

 1차 아편 전쟁이라니. 또 아편 전쟁이 일어났어요?

무역 여건을 개선했는데도 영국 물건이 청나라에서 인기를 끌지 못하자 영국은 심기가 불편해졌거든. 그러던 중, 청나라가 영국 배에 숨었던 범죄자를 체포하면서 영국 국기를 강제로 내리는 사건이 발생했어. 청나라가 사과를 거절하자 영국은 2차 아편 전쟁을 벌였고, 프랑스도 청나라에서 자국 선교사가 처형당했던 일을 핑계 삼아 함께 전쟁에 참여했지. 패전 후에도 청나라가 요구 사항을 계속 무시하자 1860년에 두 나라의 군대는 청나라의 수도 베이징을 점령했어. 결국 청나라는 더 많은 도시를 외국에 개방하고 영국에 주룽반도를 내줘야 했단다.

영국산 공산품이 시장을 파고들면서 청나라의 수공업은 무너지고 말아. 청나라는 서양의 원료 공급처이자 상품 판매처가 돼 버렸지. 이런 상황을 극복하려고 1864년 '서양의 것을 배우는데 힘쓰자.'라는 양무운동을 벌이며 산업화를 시도했지만 실패했고, 1894~1895년 조선의 지배권을 둘러싸고 일본과 벌였던 청일 전쟁에서도 패배한 후 1912년에 청나라는 막을 내렸지.

지배자가 된 국가 vs 지배를 받는 국가

산업 혁명 전에는 중국 청나라와 인도 무굴 제국의 경제력이 유럽 국가들보다 강했는데, 모두 몰락하다니! 산업화에 따라 국가 위상이 확 달라졌네요.

중국과 인도의 운명만 바뀐 게 아니었어. 아시아와 아프리카의 많은 나라들이 서양의 식민지가 되었지. 서양 열강들은 상품 생산량이 늘어나면서 생산에 필요한 원료가 부족해졌고, 남는 물건을 팔 새로운 시장도 필요했거든.

이를 해결하려던 서양 열강의 눈길이 풍부한 자원을 가진 아프리카로 향했지. 결국 1884년 11월 **베를린 회담**에서 아프리카 점령을 위한 협상이 벌어졌어. 협상에는 오스트리아-헝가리, 프랑스, 독일, 영국, 이탈리아, 러시아, 미국, 스페인, 포르투갈, 스웨덴-노르웨이, 덴마크, 벨기에, 네덜란드, 터키 대표들이 참석했어. 그들은 회담 끝에 **콩고 분지 조약**을 맺어 아프리카 내륙을 나누어 식민지로 삼기로 했지. 그 결과 1876년 아프리카의 10퍼센

트 정도였던 식민지는 1900년에 90퍼센트 이상으로 늘었지.

아프리카만 식민지가 된 건 아니었어. 프랑스는 베트남과 캄보디아, 라오스를 합쳐 프랑스령 인도차이나 연방을 만들었고, 네덜란드는 인도네시아를 식민지로 삼았지. 영국은 동인도 회사를 통해 간접적으로 지배했던 인도를 직접 통치하게 되었고, 미얀마도 점령했어. 영국의 식민지 면적은 국토의 100배에 달했지. 유럽보다 늦게 식민지 쟁탈전에 뛰어들었던 미국은 스페인으로부터 푸에르토리코, 필리핀, 괌을 빼앗아 식민지로 만들었고, 일본은 조선과 대만을 지배했어. 20세기 초에는 태평양과 인도양에 있는 작은 섬들마저 식민지가 되고 말아. 세계가 지배자인 나라와 지배를 받는 나라로 나누어졌던 거야.

 이럴 수가! 그렇게 많은 나라들이 계속 식민지가 되어 사나요?

그렇지 않아. 21세기에는 또 세계가 달라지지. 어떻게 될지 궁금하다면 다음 시간을 기대해 줘. 오늘은 여기까지!

은우와 좀비 어린이들이 자판기 가까이 가자 화면을 가득 채운 퀴즈가 나타났다.

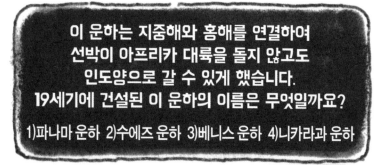

이 운하는 지중해와 홍해를 연결하여
선박이 아프리카 대륙을 돌지 않고도
인도양으로 갈 수 있게 했습니다.
19세기에 건설된 이 운하의 이름은 무엇일까요?

1)파나마 운하 2)수에즈 운하 3)베니스 운하 4)니카라과 운하

"뭐더라? 운하가 건설된 위치는 생각나는데."

"나도 이름이 생각나지 않아."

좀비 어린이들은 당황하면서 은우를 채근했다.

"은우야, 네가 제일 잘 알잖아. 빨리 생각해 봐."

생각 주머니가 텅 비어 버렸는지 은우는 아무런 생각도 떠오르지 않았다. 잠시 후, 문제가 사라지면서 소리가 들렸다.

"제한 시간이 지났습니다. 다음 퀴즈를 풀어 주세요."

은우와 좀비 어린이들이 놀라서 술렁거리는데, 다음 퀴즈가 나타났다.

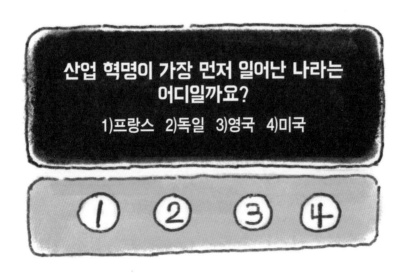

산업 혁명이 가장 먼저 일어난 나라는
어디일까요?

1)프랑스 2)독일 3)영국 4)미국

이번에는 문제를 보자마자 모두 입을 모아 외쳤다.

"3번 영국!"

윌리엄은 재빨리 3번 버튼을 눌렀고, 자판기에서 캔이 떨어지자마자 움켜쥐었다. 복도로 나온 윌리엄은 바로 캔을 열었다. 캔 속에 돌돌 말려 있던 것은 잉글랜드 은행 지폐였다. 윌리엄이 갑자기 눈물을 뚝뚝 흘렸다. 다른 좀비 어린이들은 어쩔 줄 몰라서 허둥댔다.

은우가 윌리엄을 달래며 물었다.

"윌리엄, 지폐를 얻었는데 왜 우는 거야?"

"너무 감격해서. 잉글랜드 은행 지폐가 나왔어! 바로 나를 집으로 돌아가게 해 줄 열쇠!"

드디어 좀비 4인방이 필요한 화폐를 모두 갖게 된 것이다. 흥분에 휩싸인 좀비 어린이들은 환호성을 질렀다. 그러나 은우는 울적해졌다. 모두 화폐를 얻었으니 오늘 돌아갈 수도 있을 거라는 생각이 들어서였다.

"너희들 이제 집으로 돌아갈 거지?"

은우는 입술을 삐죽 내민 채 말했다.

잠시 서로를 번갈아 보던 좀비 아이들은 서로 소곤소곤 이야기를 나누었고, 타니트가 은우에게 다가왔다.

"은우야, 우리는 네가 살고 있는 세상의 이야기도 궁금해. 우리가 대체 어떤 세계에 떨어졌는지도 궁금하고! 여긴 진짜 알쏭달쏭 별세계야."

"인정! 대체 어떤 경제사가 펼쳐지는지 마지막까지 꼭 들어야지!"

요하나가 타니트의 팔짱을 끼며 한 마디 거들었다.

"정말? 그럼, 내일은 수업 전에 우리 집으로 가서 새로운 걸 해 보지 않을래? 바로 온라인 게임!"

은우가 입술을 쏙 집어넣고 말하자 윌리엄이 기다렸다는 듯이
나섰다.

"온라인 게임? 당연히 좋지! 한 번도 해본 적 없지만 게임이라
면 무조건 좋아. 내일 문구점에 와서 우리 데리고 가 주는 거지?"

"오케이. 내일 2시 40분에 만나서 우리 집으로 가자."

그러자 윈윈이 급하게 끼어들며 말했다.

"얘들아, 핵심 잇기 잊은 건 아니지? 타니트부터 시작!"

증기 기관의 발명으로
산업 혁명이 시작되었고

대량의 물건을
운송할 기차, 철도, 운하가
만들어졌고

막대한 돈이 오고가자
금융업도 발달했어.

노동자와 자본가
계급이 생기고
사회주의 사상이 등장했어.

산업화한 나라들이
식민지를 만들면서 세계가
지배국과 피지배국으로
나뉘었어.

조선 후기 경제 #상인 집단 #실학자

조선 시대의 상업은 국가가 관리하는 시전을 중심으로 이루어졌지만, 17세기 후반부터 점차 자유로운 상업 활동이 허용되면서 상인 계층이 성장했어. 가장 유명한 상인 집단은 한양의 경강상인(한강을 끼고 활동하던 곡물 상인), 개성의 송상(송도 상인), 의주의 만상(만주와 교역하던 상인), 동래의 내상(일본과 무역하던 상인)이었어. 이 상인들은 국내뿐 아니라 중국과 일본으로도 무역을 하며 큰 돈을 벌었지. 전국을 돌아다니며 물건을 팔던 **보부상**이라는 상인들도 있었어. 봇짐장수인 **보상**과 등짐장수인 **부상**은 장터에서 장터로 끝없이 이동하면서 물건을 팔았지.

조선 후기에는 백성의 삶을 나아지게 할 실질적인 방안을 연구하는 사람들도 나타났어. 바로 **실학자**들이야. 실학 연구의 선구자였던 유형원은 '모든 농민에게 일정한 크기의 땅을 나눠주자(균전론).'고 했고, 그를 이은 이익은 양반이 너무 많은 땅을 가지지 않도록 '한 가문이 가질 수 있는 땅의 양을 정하자(한전론).'고 했지. 정약용은 '농민들이 공동으로 농사를 짓고 노동 시간을 기준으로 수확물을 나누자(여전제).'고 제안했어. 유수원은 상공업 발전을 위한 자본의 필요성을 강조했고, 박지원과 박제가는 청나라의 문물을 받아들여 기술을 혁신시키고, 상공업을 발달시키고, 무역을 늘리자고 주장했어.

대한 제국의 경제 #백동화 #한성은행 #경인선 철도

대한 제국 시기에는 정부가 화폐를 개혁하려고 했어. 이때 만들어진 게 **백동화**라는 동전이야. 백동화는 가볍고 휴대하기 쉬웠지만, 곧 일본이 조선 경제를 장악하면서 조선 사람들이 쓰던 돈도 일본 돈으로 바뀌게 되었어. 나라를 지키려면 경제 주권도 중요하다는 걸 알 수 있지?

대한 제국 선포 후 산업화에 박차를 가하면서 근대적 기업이 조금씩 생겨나기 시작했어. 1898년에 전차와 전기, 전화 사업을 하는 **한성 전기 회사**가 설립되었지. 1899년에는 한반도 최초의 은행인 **한성은행**이 세워졌고, 같은 해 **경인선 철도**가 개통되면서 물건을 더 빨리 옮길 수 있게 되었어.

한성은행

5장
자본과
정보화 시대

온라인 게임의 세계로!

은우는 좀비 어린이들을 집으로 데리고 왔다. 좀비 어린이들은 은우네 집을 구경하면서 신기하다면서 계속 감탄했다.

"친구들을 기다리게 하면 안 돼. 이제 난 게임에 접속할게."

은우는 스마트폰 속 시계의 알람을 30분 후에 울리게 설정한 후 게임을 시작했다.

정신없이 달라지는 화면을 바라보던 좀비 어린이의 반응은 서로 달랐다. 윈윈과 윌리엄은 넋을 잃고 게임이 진행되는 걸 바라보았다. 요하나는 처음에는 신기해했지만 잠시 후 흥미를 잃었다. 타니트는 흘끗 보더니 눈이 어지럽다면서 아예 화면을 쳐다보지 않았다.

은우가 게임을 끝내자 윌리엄이 말했다.

"친구들끼리 만나지 않고도 함께 노는 건 꿈에서나 가능하다고 생각했는데."

은우는 싱긋 웃으며 말했다.

"첨단 기술이 꿈을 현실로 만들었지."

윈윈은 부러운 표정을 지으며 말했다.

"은우는 좋겠다. 스마트폰이나 태블릿을 가져서."

그런데 요하나가 타니트를 앞세워 먼저 밖으로 나가면서 한마디 던졌다.

"난 아무래도 밖에서 뛰어노는 게 더 좋아."

"흐음, 하지만 이 물건들이 필요해질 정도로 뭔가 또 다른 세상이 온 것 같아."

윈윈이 눈을 반짝이며 말하자 윌리엄도 고개를 끄덕였다.

"그렇지. 이제 스마트폰으로 마스터처럼 똑똑한 사람들이 알려 주는 정보를 실시간으로 볼 수도 있어. 우리는 마스터를 바로 눈앞에서 만날 수 있지만 말이야. 그러고 보니 벌써 시간이 훌쩍 지나갔네. 이러다 늦겠다!"

은우가 재촉하자 그제야 정신을 차린 윈윈과 윌리엄이 뒤따라 집을 나왔다. 은우와 좀비 어린이들은 다시 바람처럼 달려갔다. 은우는 복도 끝에서 잠시 숨을 고르고 침착하게 문을 밀었다.

은우와 좀비 어린이들이 인사를 하고 자리에 앉자, 마스터는 또 커튼을 닫았다가 열었다. 왼쪽 창밖으로는 '1900년 뉴욕 맨해튼'이, 오른쪽 창밖으로는 '1913년 뉴욕 맨해튼'이 펼쳐졌다. 물건을 싣고 가는 마차가 즐비한 도로와 자동차가 줄지어 있는 도로였다.

1900년 뉴욕 맨해튼

1913년 뉴욕 맨해튼

대량 생산과 대량 소비

빠르게, 값싸게, 더 많이!

 헉, 13년 사이에 어떻게 저런 변화가 일어났지?

'포드 자동차'가 만든 변화야. 어제 19세기 말 미국의 생산 규모는 영국을 뛰어넘었다고 했지? 대륙 횡단 철도가 완공되면서 미국의 산업이 엄청나게 발달하고 수출이 늘었다고 했잖아. 그리고 20세기 초반 미국의 공장에서 이루어졌던 생산 방식의 혁신은 대량 생산과 대량 소비 시대를 열었어. 이런 혁신을 주도한 기업이 바로 포드 자동차야.

1903년 헨리 포드가 미국의 디트로이트에서 포드 자동차를 설립했을 때, 디트로이트에는 이미 50여 개의 자동차 회사가 있었어. 자동차는 대부분 주문 생산으로 만들어졌지. 당시 차 한 대 가격은 2,000달러였는데, 미국인의 한 해 평균 소득이 600달러 정도라 아무나 자동차를 살 수 있었던 게 아니었거든. 그렇지만 자동차가 미래에 주요한 운송 수단이 될 거라고 확신했던 포드는 부자가 아닌 보통 사람도 살 수 있는 저렴하고 실용적인 자동

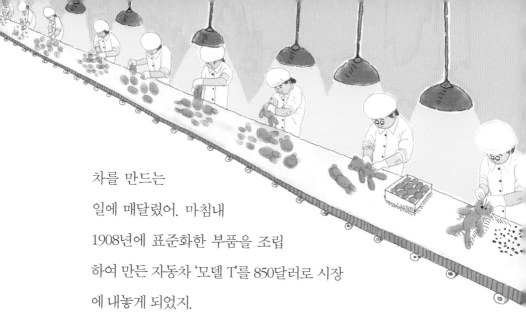

차를 만드는

일에 매달렸어. 마침내

1908년에 표준화한 부품을 조립

하여 만든 자동차 '모델 T'를 850달러로 시장

에 내놓게 되었지.

 다른 자동차 회사의 절반도 안 되는 가격으로요? 어떻게 그럴

수 있었어요?

  비결은 바로 '3S 원칙'이야! 이 원칙은 제품과 작업의 단순화
(Simplification), 부품과 작업의 표준화(Standardization), 기계와
공구의 전문화(Specialization)를 말해.

  노동자가 공구를 들고 작업대로 가서 제품을 만들고 조립하는
대신 컨베이어 벨트가 조립품을 실어다 주면, 노동자는 같은 장
소에서 일정한 동작을 반복하며 작업했어. 예를 들어 인형을 만
든다고 생각해 보자. 컨베이어 벨트 위로 인형 몸통이 올라오면
한 사람은 몸통에 머리를 끼우고, 다음 사람은 팔다리를 끼우고,

다음 사람은 눈을 끼우고, 마지막으로 옷을 입혀 완성하는 거지.

이런 방식으로 생산 시간을 획기적으로 줄이니까 생산 비용이 내려가서 자동차 가격도 훨씬 저렴해졌어. 게다가 노동자의 소득이 늘어야 돈을 모아서 자동차를 살 수 있다고 본 포드자동차에서는 임금을 오히려 올렸지. 1914년 정부가 정한 하루 최저 임금은 2.34달러였는데, 포드 자동차에서는 최저 임금이 5달러였대! 1914년 '모델 T'의 가격이 440달러였으니 넉 달 정도 임금을 모으면 자동차를 살 수 있었던 거야.

당시에 5달러면 오늘날에는 얼마 정도예요?

인플레이션 계산기로 계산해 볼게. 1914년 5달러는 2025년 가치로 약 160달러구나. 한국 돈으로 20만 원이 넘어.

포드 자동차의 생산 방식은 다른 자동차 공장은 물론이고 여러 제조업체의 생산 방식에도 영향을 끼쳤어. 이런 생산 방식이 널리 도입되면서 모든 상품의 생산 비용은 낮아졌어. 그 결과 상품 가격이 저렴해지자 소비가 늘고, 소비가 늘어나니까 생산량도 계속 늘어났지. 생산량이 늘어나면 상품 하나를 생산하는 데드는 비용이 줄어드니까 가격을 더 내릴 수 있지. 이런 과정이 되풀이되면서 세상은 대량 생산과 대량 소비 시대로 접어들었어.

축복과 희망의 미국 경제를 덮친 불청객

 마스터, 저도 집으로 돌아가서 어른이 되면 자동차를 가질 수 있겠네요.

쉽지 않을걸. 제1차 세계 대전이 벌어지면서 영국에서는 자동차 생산이 중단되었고, 전쟁이 끝난 후에도 산업 기반이 무너져서 자동차를 많이 생산할 수 없었어. 안타깝게도 이 전쟁으로 세계 경제의 주도권은 유럽에서 미국으로 완전히 넘어가. 유럽은 전쟁으로 폐허가 되었는데, 미국은 전쟁 물자를 유럽에 팔아서 큰돈을 벌었거든.

미국인들은 라디오를 비롯한 각종 생활용품을 사들이며 부자가 된 기쁨을 누렸어. 전기와 전화, 기차, 자동차 등은 미국인의 생활 방식을 완전히 바꾸어 놓았고, 일상생활을 편리하게 해 주는 수많은 상품은 소비를 부추겼지. 물건을 만들어 시장에 내놓기만 하면 날개 달린 듯 팔리니까 기업은 계속 생산량을 늘렸어. 기업들이 주식 시장을 통해 돈을 마련하는 일이 많아지면서 주식 시장까지 눈부시게 성장했어. 자고 나면 주가가 오르니까 사람들은 주식 투자에 열을 올렸지.

그러나 축복과 희망이 넘쳤던 경제 상황은 1929년 10월 24일

뉴욕 주식 시장에서 주가가 갑자기 폭락하면서 돌변했어. 이날을 '검은 목요일'이라고 부르는데, 바로 **경제 대공황**이 시작된 날이야. 주식 투자를 했던 사람들은 순식간에 빈털터리가 되었고, 수많은 기업이 문을 닫았어. 실업자는 3배 이상으로 늘어서 어느 도시에서나 식료품 무료 배급소 앞에 줄지어 선 사람들을 볼 수 있었어.

미국의 경제 혼란은 바로 유럽에도 영향을 끼쳤어. 독일과 영국을 비롯한 여러 나라에서 수백만 명이 일자리를 잃게 되었지. 은행조차 믿지 못하게 된 사람들은 은행에 예금한 돈을 찾기 시작했어. 돈을 찾으려는 사람들이 몰리면서 문을 닫는 은행들이

무료 배급소 앞에 줄을 선 실직자들

생겨났고, 세계 금융 시장은 마비되었지. 그렇게 10년이 넘는 세월 동안 세계 경제는 수렁을 헤매었어.

불황 탈출을 위한 뉴딜 정책

사회와 경제 문제가 어렵고 복잡해지면서 정부 역할이 커지게 되었어. 20세기 초까지 정부는 국방과 치안, 최소한의 공공사업만 벌이고 경제 활동은 시장에 맡겼어. 그런데 1933년에 취임한 미국의 프랭클린 루스벨트 대통령은 이런 식으로는 경제 대공황을 극복할 수 없다고 판단했어. 그는 영국의 경제학자 존 메이너드 케인스의 경제 이론을 받아들여 정부가 앞장서서 경제를 이끌기로 했지.

불황의 원인을 소비 부족으로 분석했던 케인스는 경제를 살리려면 정부가 먼저 돈을 풀거나 세금을 줄여서 소비를 늘려야 한다고 주장했어. 소비가 줄어서 물건이 팔리지 않자 기업이 생산을 줄였고, 생산이 줄어서 일자리가 줄었다고 본 거야.

 정부가 돈을 푼다는 건, 국민들에게 돈을 나눠 준다는 말인가요?

직접 돈을 주는 게 아니라 일자리를 만들어 사람들이 돈을 벌수 있게 하는 거야. 그래서 루스벨트 대통령은 정부가 직접 사업을 벌이는 **뉴딜 정책**을 실시했어. 일자리를 늘리려고 테네시 강 유역에 다목적 댐을 비롯하여 병원, 다리, 공원 등을 건설했지. 예를 들어 댐을 짓게 되면 노동자, 기술자, 건축가 등 많은 사람들이 일자리를 얻게 돼. 이 사람들이 월급을 받아 물건을 사고, 그 물건을 만드는 회사들도 돈을 벌고! 이렇게 돈이 돌면서 경제가 살아나는 거지. 또한 음악, 미술, 연극 등에 종사하는 많은 예술가의 활동을 지원하기도 했어.

국제 거래의 새로운 질서

국제 거래의 기준이 된 미국 달러화

1944년 7월, 제2차 세계 대전이 거의 끝나갈 무렵 미국과 유럽의 여러 나라는 세계 경제 회복과 안정적인 경제 성장을 위해 미국에서 **브레턴우즈 회의**를 열었어. 이 회의에서 각종 수출입 규제를 줄이고, 화폐 제도를 개선하여 무역을 보다 자유롭게 하자는 의견이 나왔지. 그때 미국 대표가 이런 제안을 했어.

"화폐 가치의 기준을 금 대신 미국 달러로 합시다. 미국은 언제든지 35달러를 금 10온스로 바꿔 줄게요. 그러면 달러를 화폐 가

치의 기준으로 삼아도 금이 기준인 것이나 같습니다."

　미국이 잠시 포기했던 금 본위 제도의 부활을 선언했던 거야. 이후 국제 거래에서 미국 달러로 주고받는 비중이 늘면서 달러가 기축 통화가 되었어. 물론 달러화가 영국의 파운드화를 제치고 국제 거래의 기준이 된 데는 미국의 경제적 위상도 한몫했어. 당시 미국의 국내 총생산은 세계 국내 총생산의 50퍼센트에 달했고, 전 세계 금의 70퍼센트를 가지고 있을 정도로 경제적 힘이 대단했거든.

 그래서 미국 달러가 어디에서나 잘 통하는 돈이 됐구나!

자유 무역의 확대

 왜 자유 무역을 늘리자고 했어요?

　무역이 늘어나면 세계 모든 나라 사람의 경제적 만족감이 높아지니까. 무역은 상품을 팔아서 돈을 버는 수출국만이 아니라 수입국에도 유리하거든. 소비자가 고를 수 있는 상품 종류가 다양해져서 선택의 폭이 넓어지고, 같은 종류의 상품이라도 국내 생산품보다 저렴한 수입품이 들어오면 물가 안정에 도움을 주게 돼.

하지만 20세기 초까지만 해도 대부분의 나라가 보호 무역 정책을 택했어. 국내 산업을 보호하기 위해 수입품에 대한 **무역 장벽**을 높였던 거야. 무역 장벽이란 관세를 높이거나 수입 조건을 까다롭게 만들어 수입을 방해하는 모든 제도를 말해.

브레턴우즈 회의에서는 자유 무역을 실행할 수 있도록 구체적인 방안도 마련했어. 이에 따라 1947년 스위스 제네바에 미국을 비롯한 23개국 대표들이 모여서 공산품과 원자재 무역에는 모든 무역 장벽을 없애자는 내용의 **관세 무역 일반 협정(GATT)**을 맺었지. 자유 무역이 늘어나면서 1973년 **석유 파동**으로 경제 불황이 오기 전까지 세계 경제는 비교적 순탄하게 성장했어.

국제 통화 기금과 국제 부흥 개발은행의 탄생

브레턴우즈 회의에서는 경제적으로 어려운 나라를 도울 수 있도록 국제 경제 기구인 '국제 통화 기금(IMF)'과 '국제 부흥 개발은행(IBRD)'을 만들자는 합의도 이루어졌어.

국제 통화 기금이라면 한국이 1997년 경제 위기가 일어났을 때 돈을 빌렸던 곳이죠?

맞아. **국제 통화 기금**은 일시적으로 경제 위기를 겪는 나라가 요청하면 위기를 벗어날 수 있게 돈을 빌려주지. 회원국의 환율 정책이나 외환 제도를 감독하고, 환율 조작으로 시장 질서를 흐트러뜨리면 이를 바로잡기도 해.

국제 부흥 개발은행은 처음에 2차 세계 대전으로 상황이 어려워졌던 유럽 국가들을 돕고자 만들어졌는데, 1949년부터는 주로 경제 개발 자금을 빌려주는 일을 해. 각 나라 정부나 정부의 보증을 받고 전력, 운송, 상하수도 등 공익사업을 하는 기업에 돈을 빌려주지.

20세기 후반부터는 농업과 농촌 개발에도 힘을 쏟기 시작했고, 아시아, 아프리카, 남아메리카에 있는 개발 도상국들이 공업화를 이루고 기술을 발전시킬 수 있게 자금을 지원하고 있어. 국제 부흥 개발은행은 이렇게 역할이 많아지고 규모도 커지면서 지금의 '세계은행(World Bank)'으로 발전했지.

국제 통화 기금과 세계은행은 세계 모든 나라의 국내 총생산, 경제 성장률, 1인당 국민 소득, 수출입 금액 등 주요 경제 지표나 경제 전망에 대한 의견을 발표하기도 해.

1973년 가솔린이 없다는 안내가 붙은 주유소

1970년대에 발생했던 석유 파동으로 세계 경제는 심각한 위기를 겪었어요. 1973년 이스라엘이 미국의 도움을 받아 이집트와 시리아의 침공을 물리치자, 석유 수출국 기구(OPEC)에 속한 나라들이 미국의 중동 정책을 항의한다면서 원유 가격을 인상하고 원유 생산을 줄였어요. 그러자 한 달 만에 원유 가격이 4배나 뛰었지요. 석유 화학 제품 가격 상승으로 다른 제품을 살 돈이 줄어서 전체 소비가 줄었어요. 기업은 생산을 줄였고, 경제는 불황으로 접어들었죠. 이를 제1차 석유 파동이라고 해요. 제2차 석유 파동은 1979년 이란에서 왕정을 무너뜨린 혁명 정부가 세워진 후 노동자 파업으로 원유 생산이 대폭 줄면서 발생했어요.

두 차례 석유 파동으로 불황을 겪은 후 세계 각국은 에너지 수요를 줄이는 정책을 펴고, 석탄과 원자력 등 원유를 대체할 에너지 자원을 개발하기 시작했어요. 자기 나라 근처에서 원유가 묻힌 곳을 찾아내 채굴하기도 하고, 멕시코와 소련 등 새롭게 떠오르는 석유 수출국들로부터의 수입을 시도했고요.

경제 성장률이란?

경제 성장은 국가의 경제 규모를 나타내는 국내 총생산 (GDP, Gross Domestic Product)이 지난해에 비해 커진 것을 말해요. 커진 정도를 경제 성장률이라고 하고, 이를 식으로 나타내면 다음과 같아요.

$$\text{경제 성장률(\%)} = \frac{\text{올해의 실질 GDP} - \text{지난해의 실질 GDP}}{\text{지난해의 실질 GDP}} \times 100$$

GDP는 일정 기간 한 나라 안에서 새로이 생산된 물건과 서비스를 모두 합한 수치예요. 그런데 물가가 오르면 GDP도 함께 올라가요. 예를 들어, 작년에 100개의 사과를 팔아 10만 원을 번 사람이 올해도 100개를 팔았지만 사과 값이 올라서 11만 원을 벌었다면, GDP는 1만 원 늘어나지요. 하지만 물건 값이 올랐을 뿐 경제가 성장한 것은 아니에요. 그래서 경제 성장률을 계산할 때는 이러한 물가 상승을 뺀 '실질 GDP'를 써요. 자, 이제 작년 실질 GDP가 100억 원이었다고 가정해 봅시다. 만약 올해 실질 GDP가 105억 원이었다면, 올해 경제 성장률은 몇 퍼센트일까요?

$$\text{답} = \frac{105 - 100}{100} \times 100 = 5(\%)$$

하나가 된 세계 시장

미국이 제안했던 자유 무역 대상의 확대

 마스터, 세계 최고의 경제력을 가진 나라는 계속 바뀌었잖아요!

 16세기에는 스페인과 포르투갈.

 17세기에는 네덜란드.

 19세기에는 영국.

 20세기에는 미국이 그 자리를 차지했어요. 미국은 언제까지 그 자리를 지킬 수 있을까요?

하하, 어려운 질문인걸. 2010년 미국은 제조업 생산 규모 1위 자리는 중국에 내주었지만, 변함없이 국내 총생산 1위 자리를 지키며 세계 경제를 지배하고 있어. 필요할 때마다 세계 경제 환경을 자기에게 유리하게 변화시키면서 말이야. 아마도 미국은 제법 오랜 시간 현재의 경제적 힘을 유지할 거야. 다른 나라가 국제 거래에서 달러화의 위상이나 정보 통신 산업, 바이오 산업, 금융업을 비롯한 서비스 산업에서 미국의 경쟁력을 따라잡기는 쉽지 않으니까. 게다가 자원 전쟁에서도 불리하지 않은 환경을 가졌고.

 미국이 어떻게 세계 경제 환경을 바꾸었는데요?

관세 무역 일반 협정을 맺을 당시 미국은 자기 나라가 자유 무역의 혜택을 가장 많이 볼 거라고 자신만만했지만 1970년대에 들어서 상황이 바뀌었어. 독일과 일본의 공업 기술력이 막강해지면서 미국은 수출보다 수입을 많이 하는 나라가 되었거든.

그러자 미국은 자유 무역의 범위를 농산물과 서비스 산업까지 확대하기를 원했어. 넓은 미국 땅에서 생산하는 값싼 농산물을 수출하고, 금융과 통신을 비롯한 서비스 분야와 컴퓨터 프로그램을 포함한 지식 산업 기술을 수출하여 무역 수지 적자를 줄이려는 의도였지.

그래서 미국은 1986년 9월 우루과이에서 열린 관세 무역 일반 협정 회의에서 자유 무역의 대상을 늘리자고 제안했어. 처음에는 다른 나라들이 동의하지 않아서 논의만 거듭되다가 우여곡절

끝에 1994년 4월에 드디어 농산물, 지식 재산권, 서비스 분야의
시장을 개방하기로 합의했지. 이 합의를 무역 협상 제안이 나왔
던 곳의 이름을 따서 **우루과이 라운드**라고 해. 그래서 자유로운
국제 거래의 대상이 공산품과 원자재를 넘어서 서비스와 자본까
지 영역이 넓어졌던 거야.

　1995년에는 이 합의에 따라 각국의 무역 분쟁을 중재하고 참
여국의 무역 정책을 감독하는 **세계 무역 기구(WTO)**가 만들어졌
어. 세계 무역 기구는 협정에 어긋나는 행위를 바로 잡거나 이에
대한 손해 배상도 요구하기도 하고, 세계 무역 기구의 조치를 따
르지 않으면 무역 제재를 가하기도 해.

세계화의 시대

　난 우루과이 라운드가 좋아요! 필리핀산 파인애플이나 뉴질랜
드산 키위를 먹을 수 없는 세상은 상상도 하기 싫거든요.

우루과이 라운드로 세계 각국의 시장이 열리면서 상품, 노동, 서비스가 자유롭게 오가게 되었어. 이처럼 세계가 하나의 시장이 된 걸 **세계화**라고 해.

은우가 말했듯이 세계화된 시장은 소비자에게는 아주 좋아. 품질이 우수한 물건을 더 다양하고 저렴하게 살 수 있으니까. 하지만 아프리카처럼 미처 산업 경쟁력을 갖추지 못한 나라들은 피해를 보았지. 각 나라 안에서도 경쟁력이 떨어지는 산업에 종사하는 사람들은 어려워졌고.

저는 수입산 파인애플이나 키위를 먹을 수 있어서 좋지만, 한국에서 과일을 생산하는 농가는 힘들어졌겠군요.

맞아. 자유 무역으로 피해를 보는 사람들의 불만이 커지자, 세계 경제 환경은 다시 국내 산업을 보호하는 쪽으로 점차 변하고 있어. 이런 변화도 미국에서 먼저 시작되었지. 값싼 수입품에 밀려 가격 경쟁력에서 뒤처진 미국 공장들이 문을 닫자 많은 사람들이 일자리를 잃었고, 그로 인해 불만이 터져 나오기 시작했거든. 하지만 자유 무역에 정면으로 반기를 들면 세계 무역 기구의 규정에 어긋나게 되니까 대신 세계 최대 수출국인 중국을 상대로 무역 전쟁을 시작했지.

세계의 공장이 된 중국

 마스터, 중국이 세계에서 가장 수출을 많이 해요? 몰락했던 중국이 부활했어요?

부활? 재미있는 표현이네. 1912년에 청나라가 멸망한 후 중국에는 중화민국이 세워졌어. 그런데 1949년에 중화민국 정부가 공산당과의 싸움에서 지면서 타이완으로 후퇴하고, 중국 본토에는 사회주의 국가인 중화 인민 공화국이 들어섰지. '죽의 장막'이라 불릴 정도로 폐쇄적이어서 경제 상황은 암담했는데, 1978년 덩샤오핑이 최고 지도자가 되면서 달라졌어. 5년 만에 농업 생산량이 40퍼센트나 증가했고, 농민의 소득이 2배로 늘어났거든.

 와, 대단하다! 무슨 요술이라도 부렸어요?

농민에게 새로운 소득을 얻을 기회를 주었더니 수확량이 증가했어. 정부와 계약한 양보다 더 많은 농산물을 생산하면, 남은 농산물은 자유롭게 팔 수 있게 했거든.

덩샤오핑은 기업들도 자유롭게 활동할 수 있게 만들었어. 자본주의 경제 시스템을 연구한 뒤 중국의 가격, 세금, 금융 제도를 개혁하고 무역을 늘리는 정책을 폈지. 게다가 기술과 자본을 받아들이는 경제특구를 설치하자 값싼 노동력과 거대한 시장에 매력을 느낀 외국 기업이 줄줄이 중국으로 몰려왔어.

그 덕에 세계의 공장이 된 중국은 2009년부터 세계 수출 1위 국가가 되었고, 2010년엔 미국을 제치고 제조업 생산 규모에서도 1위가 되었지. 기술은 선진국 수준으로 올라갔고, 노동력은 여전히 싸서 경쟁력이 있었거든. 중국의 경제 발전의 원동력은 수출이었으니까 중국은 자유 무역의 덕을 톡톡히 본 셈이야.

무역 강국으로 발돋움한 한국

 한국도 자유 무역의 덕을 봤다고 들었어요. 정말인가요?

그렇지! 한국도 비약적인 수출 증가에 힘입어 경이로운 경제 발전을 이루었어. 물론 한국의 기술력이 크게 향상된 덕분이긴 하지만, 자유 무역으로 시장이 커진 것도 한몫했지.

1960년대 한국에서 가장 흔한 표어는 '수출은 성장의 엔진', '수출만이 살길'이었어. 국내 시장이 협소하니까 수출로 경제를 성장시키자는 목표를 세웠던 거야.

처음 경제 개발 계획을 시작했을 때는 자본과 자원은 부족하고 노동력만 싸고 풍부했어. 그래서 외국에서 자본을 빌려와 가발이나 의류 같은 경공업 제품을 생산하는 공장을 세웠지. 경공업이 자리 잡은 뒤, 1973년에 한국 정부는 한 단계 더 나아가기로 결심했어. 바로 중화학 공업화를 시작한 거야. 철강, 기계, 자동차, 전자, 조선, 화학 같은 부가 가치가 높은 제품을 수출하면 경제 성장에 유리하니까. 중화학 공업은 결과를 보려면 시간이 오래 걸려서 위험한 선택이었지만, 과감하게 투자에 뛰어들었지.

중화학 공업화로 수출 상품이 변하면서 1977년에는 수출 100억 달러, 1인당 국민 소득 1천 달러를 달성하게 되었단다. 1980년대에는 가당치 않다는 해외의 비웃음을 받으면서도 반도체 산업에 도전했고, 보기 좋게 성공을 거두었어.

12월 5일은 한국의 '무역의 날'이야. 2011년 12월 5일, 수출 5,151억 달러, 수입 4,860억 달러를 기록하여 무역액 1조 달러를 돌파한 것을 기리는 법정 기념일이지. 한국은 미국, 독일, 중국, 일본, 프랑스, 이탈리아, 영국, 네덜란드에 이어 세계에서 9번째로 무역 1조 달러를 달성했어. 네덜란드를 제외한 모든 나라가 한국보다 넓은 국토와 많은 인구를 가졌다는 점을 고려하면 대단한 성과이지?

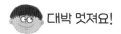 대박 멋져요!

정보 기술 혁명과 디지털 경제

컴퓨터와 인터넷이 이끈 정보 기술 혁명

마스터, 제가 살았던 세상에서도 신기한 물건이 많아졌다고들 했어요. 그런데 여기에는 스마트폰이나 태블릿처럼 상상을 초월한 물건이 너무 많아요.

네가 살았던 세상은 산업 혁명으로 농업 사회가 공업 사회로 바뀐 후였어. 그런데 지금은 거기서 한 단계 더 나아간 정보 사회야. 2000년대 후반에 일어났던 정보 기술 혁명으로 빠르고 정확한 정보가 정치·경제·사회를 지배하는 세상이 된 거지. 정보 기술 혁명의 일등 공신은 컴퓨터와 인터넷이야. 산업 혁명 때 만들어진 기계들이 사람의 육체 노동을 대신했다면, 컴퓨터는 지적 노동을 돕는 기계야. 컴퓨터는 1940년대에 처음 개발되었는데, 1971년 인텔사에서 마이크로프로세서라는 칩을 발명하면서 컴퓨터 기술이 급속도로 발달했어. 덕분에 1990년대에는 개인용 컴퓨터(PC) 가격이 많이 내려가 누구나 살 수 있게 됐지.

컴퓨터 성능이 아무리 탁월해도 정보를 주고받기 어려웠다면

애플의 첫 PC Apple I (1976)

Apple II (1977)
©Rama & Musée Bolo

현재와 같은 정보 사회는 될 수 없었을 거야. 1969년 서로 다른 컴퓨터끼리 메시지를 전달하는 데 성공하면서 인터넷 시대의 서막이 열렸지. 1989년 월드 와이드 웹(www)과 1992년 모자이크라는 웹브라우저가 발명되면서 인터넷 사용자가 폭증하게 되었어.

정보 기술 혁명은 정보 수집·처리·전달에 필요한 시간과 비용을 엄청나게 줄여 주었어. 컴퓨터로 엄청난 양의 자료를 분석하고, 어디서나 소통하고, 해외에 거주하는 사람과도 쉽게 정보를 주고받게 되었으니까.

 컴퓨터와 인터넷이 대중화된 시기가 불과 30년 전이었어요?

경제사 1만 2,000년을 1년으로 압축해 보면, 컴퓨터와 인터넷이 대중화된 시기는 12월 31일 오전 2시쯤이야. 아주 최근 일이지. 컴퓨터와 인터넷이 바꾼 세상은 2000년대에 들어 다시 거대한 변화를 맞이해. 2008년 앱 스토어를 장착한 스마트폰이 등장했거든. 스마트폰은 시간과 공간의 제약을 벗어나 언제 어디서든 연결이 가능한 새로운 세상을 만들었어.

시간과 공간의 제약을 벗어난 경제 활동

 으악! 시간과 공간의 제약을 벗어나면 우리처럼 좀비가 되는데.

하하하. 디지털 세상에 빠져서 좀비처럼 사는 사람이 있긴 해. 정보 기술 혁명으로 경제 활동 방식도 많이 변했어. 예전에는 물건을 사려면 직접 상점에 가서 물건을 고른 뒤 현금이나 신용카드로 값을 치렀지. 지금은 온라인으로 주문하고 전자 시스템으로 결제하면 집에서 편안하게 물건을 받을 수 있어. 영화나 열차도 온라인으로 표를 살 수 있지. 뉴스나 드라마 시간에 맞추어 헐레벌떡 집으로 달려오지 않아도 돼. 스마트폰만 있으면 어디서나 온라인에 접속할 수 있는 세상이니까.

이처럼 디지털 기술의 혁신적 발전으로 인해 디지털 상품 및 서비스가 전체 경제에서 차지하는 비중이 커진 경제를 **디지털 경제**라고 해.

　디지털 경제 시대가 되면서 기업이 일하는 모습도 달라졌어. 상품 기획은 한국 본사에서 하고, 물건은 중국 공장에서 만들고, 판매와 마케팅은 미국 지사에서 처리하는 식으로 공간의 제약을 뛰어넘는 경영이 가능해졌지.

수십 명이 처리하던 정보를 고속 컴퓨터로 불과 몇 시간 안에 처리하면서 생산성도 크게 높아졌어. 신속하고 저렴하게 정보를 접하게 되자 가상 체험(VR), 인공 지능(AI), 클라우드 서비스 같은 첨단 정보 기술을 기반으로 새로운 사업들이 속속 생겨났지.

은우는 디지털 경제 시대에 살아서 좋겠다. 친구들과 게임도 하고, 그 뭐더라…… 스마트폰? 그걸로 물건도 바로 살 수 있다니!

디지털 경제가 모든 사람에게 좋기만 할까? 주말이나 연휴에 기차를 타면 젊은 사람들은 앉아 가는데, 노인들은 서서 간다는 뉴스를 들었어. 온라인으로 좌석표가 모두 팔리면 기차역에서는 입석 표만 살 수 있어서 벌어진 현상이야. 디지털 경제에 적응하지 못한 사람의 경제 활동은 오히려 힘들고 불편해졌지. 그래서 디지털 소외 계층을 배려하는 제도가 필요하다는 말도 나와.

전문화된 지식과 정보가 경쟁력을 갖는 사회가 되면서 소득 불평등이 커지는 문제도 생겼어. 특별한 지식이나 정보 기술을 갖춘 전문가와 누구나 쉽게 배울 수 있는 일을 하는 사람의 소득 차이가 더욱 벌어지고 있거든. 게다가 빠른 기술 발전과 소비 증가로 인해 환경에도 적신호가 켜지고 있어.

지구 환경을 살려라!

파괴되는 환경과 고갈되는 자원

역시 문제가 있군요. 정보 기술 덕분에 세상이 편리해진 건 알 겠는데, 은우 세상에 오니 공기도 안 좋고 땅과 바다도 전보다 건강하지 않은 것 같아요.

원원이 말에 완전 동감해. 경제 성장도 중요하지만 환경 보호 가 우선돼야 해. 대량 생산과 대량 소비 시대가 되면서 물건이 너 무 흔해졌어. 특히 공산품! 물건이 넘쳐나니까 함부로 사용하거 나 심지어 새것을 버리기도 하잖아. 경제 성장만 중시하는 정책 이 만든 후유증이라고 할 수 있어. 경제가 성장하려면 생산 규모 가 커져야 하고, 생산을 늘리려면 소비가 뒷받침되어야 하니까 모든 정부가 소비를 부추기는 정책을 폈거든.

지나친 생산과 소비로 지구 환경이 오염되고 파괴되면서 20세 기 후반부터 기후 변화, 오존층 파괴, 멸종 생물 발생 등 지구 생 태계에 심각한 위험 신호가 나타났어. 그래서 대량 생산과 대량 소비를 부추기는 경제 활동을 멈추자는 외침이 나왔지만, 아직

갈 길이 멀지.

미래 세대가 사용할 자원이 부족해지는 문제도 생겼어. 자원의 양은 한정되어 있는데, 마구 낭비하면 미래에는 더 이상 사용할 자원을 얻을 수 없으니까. 그래서 1987년 국제 연합(UN)은 환경을 고려하여 경제 발전이 이루어져야 한다며, '지속 가능한 발전'의 중요성을 강조했지. **지속 가능한 발전**이란 미래를 위한 자원은 남겨 두면서 현재의 필요를 충족시키는 발전을 뜻해.

그렇지만 모든 나라는 지금까지도 경제 성장을 중시하는 정책을 버리지 못했어. 선진국과 중진국은 더 풍요한 생활을 위해, 개발 도상국들은 가난을 벗어나기 위해서 경제는 성장해야 한다면서.

환경을 살리자

지구 환경을 지키려면?

21세기에 들어서 폭염과 폭우 등 심각한 기후 위기를 겪으며 기후 문제가 환경 문제를 넘어 경제 문제로도 받아들여지면서 생산 환경을 바꾸려는 움직임이 일어나고 있어. 'RE100'과 '탄소 국경세'가 대표적인 사례야.

RE100은 '재생 에너지 전기(Renewable Electricity) 100퍼센트'를 줄인 말로, 2014년 영국의 비영리 단체인 클라이밋 그룹이 제안한 캠페인이야. 이 캠페인에 참여하는 기업들은 2050년까지 생산 활동에 쓰이는 전력 전부를 태양광이나 풍력 같은 재생 가능 에너지로 대체하겠다고 자발적으로 약속해.

탄소 국경세는 유럽 연합(EU)에서 2023년부터 전기·시멘트·비료·철강·알루미늄 같은 탄소 배출이 많은 품목의 수입품에 대해 물리는 세금이야. 생산 과정에서 발생한 탄소 배출량을 기준으로 유럽 연합 국가보다 이산화탄소를 많이 배출하는 나라의 제품에 세금을 부과해.

 왜 그리 어렵게 풀어요? 물건을 아껴서 사용하고 덜 만들면 간단하게 해결할 수 있잖아요.

내가 하고 싶은 말이 바로 그거야!!! 요하나가 말한 것처럼 적극적으로 소비를 줄이는 방법은 아니지만 소비 방식 및 경제 트렌드에도 변화가 생기긴 했어. 첫째는 **친환경 소비**야. 환경을 해치는 물질을 사용했는지, 탄소 배출량이 적은 친환경 제품인지, 재활용 소재를 활용한 제품인지 등을 따지면서 상품을 선택하는 소비가 늘었어. 둘째는 **공유 경제**야. 사용하지 않는 자원을 가진 사람과 이를 필요로 하는 사람을 중개하는 공유 경제 기업이 등장하면서 사지 않고 빌려서 사용하는 소비도 하게 되었어. 셋째는 **순환 경제**야. 중고 물품을 사고팔거나 무료로 나누면서 자원을 재활용하여 쓰레기를 줄이는 소비도 활기를 띠게 되었어. 버려진 물건을 이용하여 새 물건을 만드는 업사이클링처럼 자원을 새로이 활용하는 생산이 조금씩 늘어나고 있지. 그렇지만 생산과 소비를 과감하게 줄여서 지구 환경을 지키는 적극적인 방법을 택하는 사람이 많아지면 좋겠어.

애들아, 그동안 공부하느라 힘들었지? 좀비 어린이들은 이제 자기 세상으로 돌아가야 할 시간이구나. 너희가 미래를 아는 일은 허용되지 않으니까 돌아가면 이 시대에 대한 기억은 완전히 사라질 거야. 그러나 은우의 기억은 네게 달렸어. 오싹오싹 문구점과 5학년 0반 교실에서의 수업을 비밀로 간직한다면 모든 걸 기억할 수 있어. 그렇지만 누군가에게 사소한 내용이라도 말하는 순간, 네 기억은 사라져 버려. 마지막 날 퀴즈는 좀 어려운데,

그래도 잘 풀고 나갈 수 있겠지? 닷새 동안 너희와 함께할 수 있어서 참 기뻤어. 어서 가 보렴!

    은우와 좀비 어린이들은 마스터에게 작별 인사를 하고 자리에서 일어나서 교실 문 앞으로 갔다. 아이들은 퀴즈가 어렵다고 해서 바짝 긴장하며 퀴즈가 화면에 뜨기를 기다렸다.

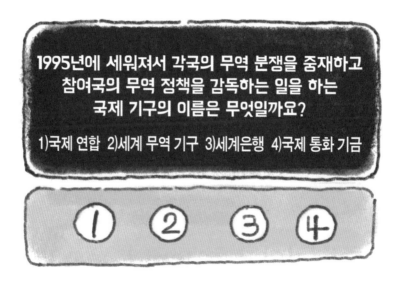

    "국제 통화 기금이 뭔가를 감독한다고 했어. 4번 국제 통화 기금!"

    윌리엄이 소리치며 4번 버튼을 누르려고 하자 원원과 은우가 동시에 윌리엄을 말렸다.

"아니야. **2번 세계 무역 기구!**"

은우는 황급히 2번 버튼을 눌렀다. 자판기에서 캔이 떨어지자 모두 환호성을 질렀다. 하지만 좀비 어린이들이 필요한 화폐는 이미 모두 모은 뒤였다. 은우는 오늘 얻은 캔 속에는 무엇이 들어 있을지 궁금했다. 은우는 손에 캔을 든 채 뒤돌아서서 마스터를 바라보았다. 은우의 얼굴을 보자 마스터가 손을 흔들었다.

복도로 나온 은우는 캔을 열어 보았다. 캔 속에는 스마트폰이 들어 있었다.

"우와! 난 다른 세상으로 돌아갈 필요가 없으니까 화폐 대신 선물을 받았나 봐."

이제는 정말 좀비 어린이들과 헤어져야 한다는 생각에 다시 마음이 울적해진 은우는 스마트폰을 도로 캔 속에 넣고 뚜껑을 닫았다. 은우의 마음을 눈치챈 윌리엄은 괜히 더 씩씩한 목소리로 말했다.

"얘들아, 잊었어? 복습해야지. 핵심 잇기 시작할까?" 아이들은 웃으며 고개를 끄덕였다.

20세기에 들어
대량 생산과 대량 소비의
시대가 열렸어.

2차 세계 대전 후엔
자유 무역이 확대되면서
세계 경제 교류가 늘어났어.

1990년대 중반부터
농산물, 서비스, 자본의
자유로운 거래로 세계가
하나의 시장이 됐어.

컴퓨터와 인터넷이
등장한 후에는
시공간을 넘나드는
디지털 경제가 탄생했지.

하지만 이제는
환경을 위해 생산과 소비를
줄여야 할 때야.

날벼락처럼 닥친 경제위기

#수출 1,000억 달러   #외환 위기   #기업 부도

1995년 1인당 국민 소득 1만 달러, 수출 1,000억 달러를 돌파하고, 1996년 경제 협력 개발 기구(OECD)에 가입하면서 축제 분위기였던 한국 경제에 날벼락이 떨어졌어. 당시 한국 기업들은 공격적인 경영 방식을 펼치면서 외국인 투자자들에게 많은 돈을 빌렸어. 대기업들이 부도 위기에 처하고 다른 아시아 국가들의 경제마저 휘청거리자, 외국인 투자자들은 빌려준 돈을 당장 갚으라고 요구했지. 갚을 돈을 마련하려고 은행과 기업들이 앞다투어 달러를 사들이면서 환율은 치솟기 시작했어. 게다가 외국인 투자자들이 한국 주식을 팔아 그 지금을 해외로 송금하기 위해 달러를 사들이면서 환율은 더욱 가파르게 상승했지.

한국 정부가 환율을 안정시키려고 외환 보유고를 풀어 달러를 공급했어도 소용이 없었어. 결국 1997년 말에 국제 통화 기금에서 돈을 빌려서 급한 불을 껐어. 하지만 국제 통화 기금에서는 대출 조건으로 경쟁력 없는 기업이나 금융 회사는 문을 닫으라고 요구했고, 1998년 초까지 5개 은행과 17개 대기업을 포함하여 4만여 개의 기업이 문을 닫았지. 직원을 줄였던 기업도 수없이 많아서 모두 눈물겨운 시간을 보내야 했어.

개발 도상국에서 경제 선진국으로

#세계 경제 규모 10위 #선진국 도약 #세계 100대 기업

1997년 경제 위기 이후 한국 경제의 미래를 걱정하는 소리가 커졌어. 그러나 2000년대 들어 바이오 산업, 신소재 산업, 문화 콘텐츠 산업, 의료 서비스 산업 등 새로운 분야에 도전한 기업들이 자리 잡으며 고비를 잘 넘겼지.

2020년에는 새로운 산업 분야에서의 성과에 힘입어 세계 경제 규모 10위를 기록하게 되었어. 그러자 2021년 7월 유엔 무역 개발 회의(UNCTAD)에서 모든 회원국의 동의를 받아 한국도 선진국 내열에 들어서게 되있지. 지금까지 유엔 무역 개발 회의에서 개발 도상국에서 선진국으로 지위가 바뀐 나라는 한국뿐이야.

한국 기업의 국제 경쟁력도 놀랄 정도로 높아졌어. 세계적인 브랜드 컨설팅 그룹인 인터브랜드의 '세계 100대 브랜드 기업' 발표에 따르면 2024년 최상위 5개 브랜드 기업은 애플, 마이크로소프트, 아마존, 구글, 삼성전자 순이야. 여기서 본사가 미국이 아닌 기업은 삼성전자뿐이지. 현대자동차, 기아자동차, LG전자는 각각 30위, 86위, 97위로 세계 100대 브랜드 기업의 자리를 차지했어.

끝이 아닌 시작

오싹오싹 문구점에 당도한 아이들은 재빨리 빨간 자판기 앞으로 모였다. 그리고 모두 손을 펼쳐 자기 손 위에 올려진 화폐들을 바라보았다.

"이제 정말 헤어져야 하네."

은우가 좀비들에게 말했다.

"은우야, 오랜 시간을 거슬러 너와 함께할 수 있어서 좋았어."

타니트가 그렇게 말하며 은우의 손을 꼭 붙잡았다. 윈윈은 은우를 가만히 껴안았다.

"네 덕에 수업을 잘 들을 수 있었어. 넌 나에게 또 다른 마스터나 다름없어."

윌리엄이 쑥스러워하며 은우에게 마음을 전했다.

"은우야, 나중에 우리들이 살았던 나라들을 여행하며 우리를 꼭 기억해 줘."

훌쩍이던 요하나의 말을 마지막으로 좀비 어린이들은 차례대로 자판기로 다가갔다. 동전이 들어가던 투입구에 아이들이 각자 화폐를 가까이 대자 투입구의 모양이 그에 맞게 변하면서 화폐를 쏙쏙 집어삼켰다.

캔이 나오던 상품 출구에 소용돌이치는 웜홀 빛이 생기더니 점차 빨강, 주황, 노랑, 초록색으로 웜홀이 커졌다. 거대한 웜홀 속으로 좀비 어린이들이 발을 떼려 할 때였다.

"잠깐!"

마스터였다. 자판기 앞으로 달려온 마스터는 스마트폰처럼 생긴 것을 열더니 모바일 카드를 인식시켰다. 웜홀은 파란빛을 추가로 뿜어내며 더욱 커졌다. 마스터는 모자와 마스크를 벗으며 아이들을 쑥스럽게 바라보았다.

"아니, 마스터도 좀비?!"

"사실 나도 다른 시간에서 왔거든."

아이들은 마스터의 얼굴이 어딘가 익숙했다. 마치…… 은우가 어른이 되었을 때를 보는 것처럼!

"은우야, 사실 나는 미래에서 온 너야. 이때를 기점으로 열심히 공부해서 경제 마스터가 되었지. 너희와 함께 공부했던 시간이 그리워서 다시 이 시절로 온 거야. 그 덕에 나도 좀비가 되어 버렸지만. 하하."

"마스터가 미래의 나라고요? 그럼 내가 오싹오싹 문구점을 발견할 수 있었던 것도 마스터 때문이에요?"

"아마 내가 여기에 도착하면서 타임워프의 신비로운 능력이 지금의 너에게도 영향을 미치게 된 것 같아."

"내가 먼 훗날 경제 마스터가 된다니!"

은우의 슬픔은 점차 설렘으로 바뀌었다.

"으아! 웜홀이 작아지려 해."

윌리엄이 발을 동동 굴렀다.

"애들아, 어서 가. 어서!"

은우가 웜홀에서 물러섰다.

"잠시만요. 마스터! 근데 미래에 내가 다시 어떻게 여기로 오게 되는 거죠?"

은우 앞에 선 마스터는 씨익 웃었다. 그리고 은우가 마지막 퀴즈를 맞히고 획득한 캔을 가리키며 한쪽 눈을 찡긋했다. 마스터와 좀비 어린이들은 은우에게 손을 흔들며 웜홀을 향해 걸어 들어갔다. 점차 다섯 좀비는 원래의 모습대로 변하며 사라졌다. 은우는 더 크게 손을 흔들었다. 기필코 미래에 다시 친구들을 보러 돌아오리라 다짐하면서.

마스터와 타니트, 윈윈, 요하나, 윌리엄이 떠난 다음 월요일, 은우는 5학년 3반 교실로 가기 전에 3층 복도 끝으로 갔다. 벽에 걸린 그림 속에는 빨간색 문만 그려져 있었고, 캔이 담긴 바구니를 든 소녀는 보이지 않았다. 눈을 감고 그림 속 문에 손을 대고 밀어 보았지만 아무 일도 일어나지 않았다. 은우는 토요일이면 학교 앞 골목길을 괜히 돌아보곤 했다. 오싹오싹 문구점이 있었던 곳은 언제나 공터였다.

세경초등학교 어린이들은 여전히 500원 동전을 학교에 가지고 오지 않았다. 한 달 후 은우는 이제 친구들에게 500원 동전이 사라지지 않는다는 걸 알려 주어야겠다고 생각했다. 은우는 가방 속에 500원 동전 두 개가 든 지갑을 넣고 학교에 갔다. 쉬는 시간에 지갑에서 500원 동전 2개를 꺼내서 책상 위에 놓았다. 그리고 은우는 놀란 것처럼 큰 소리로 말했다.

"얘들아. 500원 동전이 사라지지 않았어!"

친구들이 몰려와 책상 위에 놓인 500원 동전을 바라보았다.

"이제 외계인이 안 오나?"

"도깨비가 사라졌나?"

모두 한마디씩 보태니 교실이 시끌벅적해졌다.

"아직 집에 갈 시간이 아니잖아. 잠시 후 사라질지도 몰라."

"맞아. 집에 가기 전에 다시 확인해 봐."

은우는 단지 500원 동전이 사라지지 않았다는 사실만 말했을 뿐 오싹오싹 문구점과 5학년 0반 교실에 대해서는 한마디도 하지 않았다.

"집에 가기 전에 다시 볼게. 만약 오늘 사라지지 않는다면, 내일도 500원 동전을 가져와서 확인해 봐야지."

은우는 시치미를 떼고 500원 동전이 왜 사라졌는지 전혀 모르는 사람처럼 말했다.

등장인물

5학년 0반 친구들과 선생님을 한번 더 소개합니다!

은우

세경초등학교 5학년 3반에 재학 중인 초등학생!
경제 마스터가 되기 위해 열심히 공부 중이에요.

타니트

신석기 시대 북아프리카 카르타고에서 온 활발한 소녀!
훗날 마을의 최고 가는 장사꾼으로 자라요.

원원

10세기 말 중국 쓰촨성에서 온 꼬마 학자!
훗날 아버지를 이어 종이 제작 기술자가 돼요.

16세기 중반 네덜란드 암스테르담에서 온 리액션의 달인!
훗날 세밀화가로 활약해요.

 19세기 말 영국 맨체스터에서 온 말썽꾸러기 소년!
뉴턴 히스 축구팀(맨체스터 유나이티드)의
멋진 공격수 선수로 자라요.

 미래에서 경제 마스터이자
경제 선생님으로 활동 중이에요.

경제특구   정부가 특별히 지정한 지역으로, 외국 기업의 투자를 늘리기 위해 세금이나 규제를 줄여 주는 구역이에요.

공산품   공장에서 기계를 이용해 대량으로 만든 물건이에요. 값이 비교적 저렴하고 품질이 균일한 것이 특징이지요.

관세 동맹   여러 나라들이 모여서 서로 간에는 관세를 없애고, 다른 나라에 대해서는 같은 관세를 부과하기로 약속한 것을 말해요.

기축 통화   세계의 많은 나라들이 물건을 사고팔 때 기준으로 삼는 돈이에요. 지금은 미국 달러가 기축 통화랍니다.

면방직   목화에서 실을 뽑아 천을 짜는 산업이에요. 옷감을 만드는 대표적인 섬유 산업입니다.

보호 무역 자국의 산업을 보호하기 위해 외국 상품의 수입을 제한하는 정책이에요. 관세를 높게 매기거나 수입 물량을 제한하는 것이 대표적인 예이지요.

상공업 물건을 사고파는 '상업'과 물건을 만드는 '공업'을 합쳐서 부르는 말이에요.

소비재 음식, 옷, 신발, 학용품처럼 사람들이 직접 사용하거나 소비하는 물건들을 말해요.

자유 무역 국가 간 물건을 사고파는 데 있어 정부의 간섭을 최소화하는 무역 방식이에요.

주가 주식의 가격을 말해요. 주식을 사고팔 때 얼마에 거래되는지를 보여 주는 숫자라고 할 수 있어요.

중공업 철강, 자동차, 배, 기계 등 무겁고 큰 물건을 만드는 산업이에요. 대규모 공장이 필요하고, 많은 자본과 노동력이 투입되지요.

환율 한 나라의 돈을 다른 나라의 돈으로 바꿀 때의 교환 비율이에요. 예를 들어 1달러가 우리나라 돈으로 얼마인지를 나타내는 것입니다.

5학년 0반의 비밀 수업
좀비들의 유쾌한
세계 경제사 탐험

처음 찍은 날 | 2025년 2월 15일
처음 펴낸 날 | 2025년 2월 25일

글 | 석혜원
그림 | 이갑규
편집 | 김경희, 김시완, 유슬기
마케팅 | 이운섭
제작관리 | 김남희
내지 디자인 | 빅웨이브
표지 디자인 | 위밍

펴낸이 | 김태진
펴낸곳 | 도서출판 다섯수레
등록일자 | 1988년 10월 13일
등록번호 | 제 3-213호
주소 | 서울시 마포구 동교로15길 6(서교동)(우 04003)
전화 | 02)3142-6611
팩스 | 02)3142-6615

ISBN 978-89-7478-482-9 73320

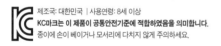

제조국: 대한민국 | 사용연령: 8세 이상
KC마크는 이 제품이 공통안전기준에 적합하였음을 의미합니다.
종이에 손이 베이거나 모서리에 다치지 않게 주의하세요.